Einführung

Halsbandleguane gehören zu den auffälligsten und farbenprächtigsten Echsen Nordamerikas. In ihrem Lebensraum zählen sie zu den wichtigsten Predatoren, und nur wenige Säugetiere und Vögel können diesen schnellen und kräftigen Echsen nachstellen. Je nach Art erreichen Halsbandleguane eine Gesamtlänge zwischen 28 und 45 Zentimeter. Die Beschuppung ist durchweg fein und granulär, nur im Bereich des Kopfes finden sich auch größere Schuppenreihen. Die Männchen sind bei allen Arten größer als die Weibchen und zeichnen sich durch hervorstechende brillante Farben sowie einen besonders massigen, gegenüber dem Körper über proportional großen Kopf aus. Die Kiefer sind extrem stark und können kräftig zupacken. An der Kehle befindet sich eine deutliche Querfalte. Bei allen Arten ist der Schwanz etwa doppelt so lang wie die Kopf-Rumpflänge (KRL), die Hinterbeine sind für die Größe der Tiere auffallend lang und kräftig. Dies macht sie zu gewandten Springern und schnellen Läufern. Bei Angriffen oder der Flucht wird oftmals der Schwanz angehoben und die Tiere stürmen allein auf ihren Hinterbeinen laufend über längere Strecken dahin. Der Schwanz ist als Steuerruder sehr wichtig für die Bewegungen der Echsen und daher nicht brüchig.

Allen Arten, auch den weit südlich lebenden, ist eine ausgeprägte und lange Ruheperiode vom Spätsommer bis in das kommende Frühjahr hinein

Abb. 1. Männchen von *Crotaphytus c. collaris* im Terrarium.   Foto: R. Schumacher

gemeinsam, sowie (außer beim Genetzten Halsbandleguan *Crotaphytus reticulatus*) die strenge Bindung an steinige oder felsige Lebensräume. Weiter fallen die besonders hoch liegenden Vorzugstemperaturen auf, bei der die Tiere ihre maximale Lebensfreude zeigen.

Seit über zehn Jahren vermehre ich Halsbandleguane im Terrarium. Regelmäßig zur Nachzucht kommen bei mir einige Unterarten von *C. collaris* sowie früher *C. bicinctores*. Einige dieser Arten und Unterarten gehören zu denen, die immer wieder der Natur entnommen und über den Tierhandel an Tierliebhaber verkauft werden. Wir sind als Halter und Käufer dafür ver-

5

Abb. 2. Männchen von *Crotaphytus reticulatus* aus Zapato County, Texas.   Foto: R.D. Bartlett

antwortlich, dass wir diese so artgerecht wie möglich bei uns unterbringen
und pflegen, ja womöglich züchten, um
die wahrscheinlich auch weiterhin
stattfindenden Entnahmen aus der
Natur so gering wie möglich zu halten.

Das Buch soll einen, nach dem heutigen
Stand des Wissens umfassenden Über-
blick schaffen über die bis heute
bekannten Arten und Unterarten der
Halsbandleguane, sowie besonders auffällige Standortvarianten. Es möchte
diese oftmals nur von wenigen Fotos
aus naturwissenschaftlichen Berichten
bekannten Tiere und ihren natürlichen
Lebensraum vorstellen, sowie ihre
Verbreitungsgebiete umreißen. Wo

Daten zur Lebensweise, Fortpflanzung
und natürlichen Ernährung vorliegen,
werden diese angeführt. Anregungen
zur erfolgreichen Haltung und Zucht
für die heute regelmäßig in Terrarien
gehaltenen Arten schließen sich an.
Dass diese niemals vollständig sein
können, liegt in der Natur der Sache.
Ich hoffe, dieses Buch wird einen
Anstoß zur weiteren Erforschung dieser
Tiere bringen.

Witten im August 2002
Robert Schumacher

Halsbandleguane

Lebensweise • Pflege • Zucht

von Robert Schumacher

169 Farbfotos
13 Zeichnungen

HERPETON
Verlag Elke Köhler

Ich widme das Buch Gerhard Hallmann, dem ehemaligen Vorsitzenden der DGHT-Stadtgruppe Dortmund und Mitbegründer der Arbeitsgemeinschaft Amphibien- und Reptilienschutz in Dortmund. Er ist mir als Terrarianer und wegen seinem Einsatz für den Schutz der einheimischen Herpetofauna immer ein Vorbild.

Schumacher, Robert

Halsbandleguane

Lebensweise, Pflege, Zucht

Offenbach: Herpeton, 2002
ISBN 3–936180–00–8

Titel: oben: *C. collaris* (E. van den Berghe)
unten links: *C. dickersonae*, Bahia Kino, Sonora, Mexiko
(B.D. Hollingsworth)
unten rechts: *C. vestigium*, Misión S. Fernando, Baja California,
Mexiko (B.D. Hollingsworth)
Hintergrund: Grand County, Utah (R. Schumacher)
Titel Rückseite: Jungtier von *C. c. fuscus* (R. Schumacher)

Foto S. 1: Männchen von *C. c. baileyi*, Variation "*auriceps*",
Rabbit Valley, Colorado (R. Schumacher)
Foto Inhalt: San Luis Potosí, Mexiko (G. Köhler)
Foto S. 4: *C. collaris,* Wupatki Ruins, Arizona (P. Kornacker)

© 2002 Herpeton, Verlag Elke Köhler,
Rohrstr. 22, D-63075 Offenbach
Layout und Satz: Elke Köhler, Offenbach.

Inhalt

Artenteil

Halsbandleguane

Lebensweise • Pflege • Zucht

von Robert Schumacher

169 Farbfotos
 13 Zeichnungen

HERPETON
Verlag Elke Köhler

Ich widme das Buch Gerhard Hallmann, dem ehemaligen Vorsitzenden der DGHT-Stadtgruppe Dortmund und Mitbegründer der Arbeitsgemeinschaft Amphibien- und Reptilienschutz in Dortmund. Er ist mir als Terrarianer und wegen seinem Einsatz für den Schutz der einheimischen Herpetofauna immer ein Vorbild.

Schumacher, Robert

Halsbandleguane

Lebensweise, Pflege, Zucht

Offenbach: Herpeton, 2002
ISBN 3–936180–00–8

Titel: oben: *C. collaris* (E. van den Berghe)
unten links: *C. dickersonae*, Bahia Kino, Sonora, Mexiko (B.D. Hollingsworth)
unten rechts: *C. vestigium*, Misión S. Fernando, Baja California, Mexiko (B.D. Hollingsworth)
Hintergrund: Grand County, Utah (R. Schumacher)
Titel Rückseite: Jungtier von *C. c. fuscus* (R. Schumacher)

Foto S. 1: Männchen von *C. c. baileyi*, Variation "*auriceps*", Rabbit Valley, Colorado (R. Schumacher)
Foto Inhalt: San Luis Potosí, Mexiko (G. Köhler)
Foto S. 4: *C. collaris,* Wupatki Ruins, Arizona (P. Kornacker)

© 2002 Herpeton, Verlag Elke Köhler,
  Rohrstr. 22, D-63075 Offenbach
  Layout und Satz: Elke Köhler, Offenbach.

Inhalt

Artenteil

Name und Systematik

Der deutsche Name Halsbandleguan bezieht sich auf das mehr oder weniger deutliche schwarze Doppelhalsband, welches meist durch ein helleres Band getrennt ist. Im Englischen heißen die Tiere Collared Lizards, im spanischen Lagarto de collar, Cachora oder Lucertola del collare. Die alte deutsche Bezeichnung Kugelechse wird in den letzten Jahren kaum noch gebraucht. Bei der einheimischen Bevölkerung sind die Tiere sehr bekannt, doch wird von diesen meist der schon sehr alte Name Mountain Boomer benutzt, der Name Collared Lizard ist dort den meisten Menschen fremd (JOHNSON 1992, CONANT & COLLINS 1991).

Halsbandleguane sind ein Teil der heute weltumspannend vorkommenden Arten der Schuppenkriechtiere, wissenschaftlich Lepidosauria genannt. Die zu den Wechselwarmen gehörenden Schuppenkriechtiere haben bis heute alle Lebensräume der Welt erobert, bis auf die wirklich kalten Teile unserer Erde. In der Arktis und der Antarktis fehlen sie. Heute sind die Leguane vor allem in der Neuen Welt, das heißt auf dem amerikanischen Doppelkontinent und der mittelamerikanischen Länderbrücke verbreitet. Weiter zählen die westindischen Inseln

und einige Inseln im pazifischen Ozean sowie Madagaskar zum heutigen Verbreitungsgebiet der Leguane.

Seit den Arbeiten von FROST & ETHERIDGE (1989) und DE QUEIROZ (1987) und einigen anderen Systematikern in den späten Jahren des zwanzigsten Jahrhunderts, wurden die unter dem Oberbegriff Leguanartige (Iguania) zusammengefassten Arten in verschiedenste Zweige (eigene Familien) aufgegliedert. Neben den Iguanidae, den Leguanen im engeren Sinne, denen neben dem oft in Terrarien gehaltenen Grünen Leguan (*Iguana iguana*) auch Arten wie die Meerechsen (*Amblyrhynchus cristatus*) des Galapagos-Archipels oder die oftmals mit Halsbandleguanen das gleiche Biotop bewohnenden Chuckwallas (*Sauromalus* sp.) angehören, wurden acht weitere Familien anerkannt. Unterschieden wurden die Phrynosomatidae (Krötenechsenverwandtschaft), Tropiduridae (Kielschwanzleguanverwandtschaft), Corytophanidae (Basiliskenverwandtschaft), Hoplocercidae (Hoplocercusverwandtschaft), Polychrotidae (Anolisverwandtschaft), Opluridae (Madagaskar-

Abb. 3. Trächtiges Weibchen von *Crotaphytus collaris*. Foto: F. Riedel

7

leguane), die Chamaeleonidae (Chamäleons) und letztlich auch die Crotaphytidae, die Halsbandleguane. Nach sehr kontrovers geführten Diskussionen scheint es heute nach Auffassung einiger Wissenschaftler jedoch wieder sinnvoll, alle Leguane in einer einzigen Familie (Iguanidae) zusammenzufassen und den "monophyletischen" Untergruppierungen den Rang von "Unterfamilien" zuzuweisen (KÖHLER 2000). Die Unterfamilie der Crotaphytinae beinhaltet nach heutiger Sicht die beiden Gattungen *Crotaphytus* (Halsbandleguane) und *Gambelia* (Leopardleguane). Diese unterscheiden sich morphologisch wie auch in ihren ökologischen Anforderungen. Die relativ deutlichen Unterschiede beschränken sich auf recht wenige Details. Nachfolgend möchte ich kurz auf diese eingehen:

Leopardleguane (*Gambelia*):

Abb. 4. *G. wislizenii.* Foto: G. Burré

Halsbandleguane (*Crotaphytus*):

Abb. 5. *C. bicinctores.* Foto: U. Dost

Morphologisch: Kein Halsband

Beschuppung der Kopfoberseite: annähernd gleichmäßig.

Geschlechtsdimorphismus: KRL der Männchen im allgemeinen kleiner als die der Weibchen, Kopfbreite der erwachsenen Männchen nicht deutlich größer als die der Weibchen.

Geschlechtsdichromatismus: Körperfarbe der Männchen nicht stark differierend gegenüber den Weibchen.

Ökologisch: Bevorzugung von Flachland-Lebensraum, bei oftmals völlig fehlendem Gestein.

Morphologisch: Mehr oder weniger deutliches Doppelhalsband

Beschuppung der Kopfoberseite: supraorbitale Halbkreise sind deutlich ausgebildet (vgl. S. 85)

Geschlechtsdimorphismus: KRL der Männchen im allgemeinen größer als die der Weibchen, Kopf der erwachsenen Männchen deutlich breiter.

Geschlechtsdichromatismus: Körperfarbe der Männchen bunter und leuchtender als die der Weibchen.

Ökologisch: Bevorzugung von felsigem Lebensraum, weitgehendes Meiden gesteinsloser Ebenen.

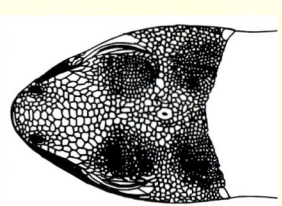

Abb. 6. *Gambelia wislizenii*

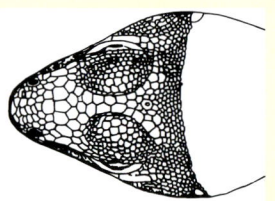

Abb. 7. *Crotaphytus collaris baileyi*

Zeichnungen: Rainer Schumacher, nach Vorlagen von COPE 1883

Abb. 8. *Crotaphytus bicinctores* im Terrarium des Verfassers.   Foto: R. Schumacher

Von den insgesamt zwölf Arten der Unterfamilie Crotaphytinae gehören neun der Gattung *Crotaphytus* an, drei Arten bilden die Gattung *Gambelia*. Einige der Arten, meist solche mit einem größeren Verbreitungsgebiet, waren bisher aufgeteilt in verschiedene Unterarten. Andere erscheinen uns in verschiedenen, oftmals geografisch zu-ordenbaren Farbvarianten, auch Stand-ortvarianten genannt, die bisher nicht gesondert in Unterarten eingeteilt wur-den.

In der wissenschaftlichen Literatur werden die Halsbandleguane erstmalig im Jahre 1823 namentlich genannt. Damals beschrieb der amerikanische Naturforscher THOMAS SAY nach einer von Major STEPHEN H. LONG geführten Expedition zu den noch weitgehend unbekannten großen Prärien und den östlichen Ausläufern der Rocky Moun-tains eine dort vorkommende neue Echsenart, die in der Folge den Namen *Agama collaris* erhielt. Schon wenige Jahre später, im Jahr 1842, wurde von JOHN EDWARDS HOLBROOK in seinem klassischen Bericht über die Herpeto-fauna Nordamerikas die neue Gattung *Crotaphytus* (Halsbandleguane) aufge-stellt. In diese wurde als bis dahin ein-zige bekannte Form *Agama collaris* als *Crotaphytus collaris* eingegliedert.

In den folgenden Jahren kamen bald weitere Arten hinzu, die jedoch teil-weise später anderen Gattungen zuge-ordnet werden mussten. Dazu zählt zum Beispiel der nahe verwandte Leopardleguan *Gambelia wislizenii*, der von BAIRD & GIRARD (1852a) als *Crota-*

9

phytus wislizenii beschrieben wurde. Weiter der äußerlich doch sehr differente Wüstenleguan, von BAIRD & GIRARD (1852b) als *Crotaphytus dorsalis* beschrieben. Heute wird er der Gattung *Dipsosaurus* zugerechnet.

Erst 1996 wurden von MCGUIRE umfangreiche Studien an den Angehörigen der gesamten Unterfamilie vorgenommen, in deren Rahmen er eine Unterart des Halsbandleguans in den Artstatus erhob. Weiter schloss er aus seinen Forschungsergebnissen, dass es keine klare Rechtfertigung für die Gliederung in verschiedene bis dahin anerkannte (valide) Unterarten gebe. Folgt man den Angaben von MCGUIRE (1996), so stellt sich der Stammbaum der heutigen Crotaphytinae folgendermaßen da:

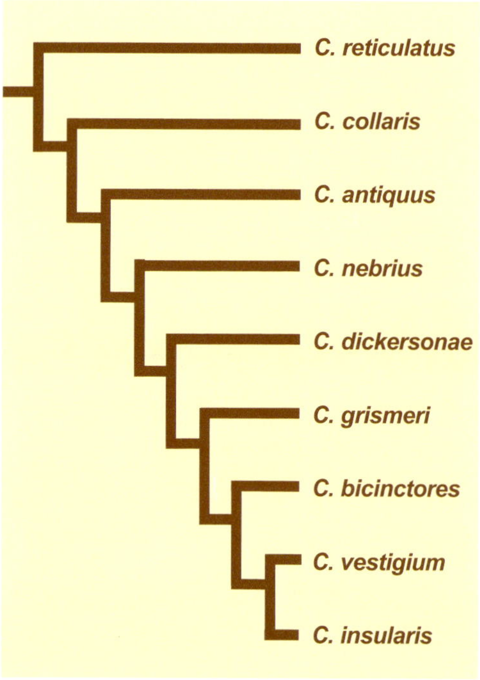

Im Rahmen dieses Buches werden auch Arten beschrieben, deren Angehörige ein sehr großes Verbreitungsgebiet besitzen und deren Formen MCGUIRE zufolge keine weitere Gliederung auf Unterartniveau mehr zusteht.

Ich möchte an dieser Stelle bemerken, dass man bei der Haltung und Zucht unbedingt auf die Zusammengehörigkeit der Tiere einer Zuchtgruppe zu einer Standortvariante achten sollte. Die Untersuchungen von MCGUIRE können nicht ausschließen, dass genetische Vermischungen verschiedener Formen zu Gendefekten führen können, die eine langfristige Erhaltung dieser Zuchtgruppen unmöglich machen. Zumindest, betrachtet man den biologischen Wert der Gruppen als Genpool in Menschenhand, wären diese wertlos in Bezug auf eine Erhaltung für möglicherweise einmal notwendig werdende Wiederauswilderungsprogramme. Aus diesem Grund habe ich bezüglich *Crotaphytus collaris* die letztendlich heute nicht mehr üblichen Einteilungen in Unterarten oder Standortvarianten beibehalten. Weiter ist davon auszugehen, dass auch in Zukunft Änderungen in der Systematik nach Beschreibungen neu entdeckter Arten oder durch Revisionen (Bearbeitung bekannter Arten) durchaus möglich sind.

Abb. 9. Stammbaum der Halsbandleguane nach MCGUIRE (1996).

C. reticulatus
C. collaris
C. antiquus
C. nebrius
C. dickersonae
C. grismeri
C. bicinctores
C. vestigium
C. insularis

Halsbandleguane in der Kulturgeschichte

Wie die Krötenechsen, die giftigen Krustenechsen und verschiedene Schlangenarten, hatten auch die den gleichen Lebensraum bewohnenden Halsbandleguane ihren festen Platz in der Vorstellungswelt der amerikanischen Ureinwohner. Auf Keramiken der längst verschwundenen Anasazi Indianer und anderer Indianerstämme des Südwestens wurden Bilder von diesen Echsen gefunden. Auch in ihren Felsmalereien, den Petroglyphen, nehmen Echsen einen Platz ein. Heute sind die Geschichten aus der Vorstellung und Sagenwelt der Ureinwohner jedoch leider zum großen Teil verschwunden. Zum Anfang des zwanzigsten Jahrhunderts wurden die Tiere wegen ihrer stellenweisen Häufigkeit gern zu Lehrzwecken in amerikanischen Universitäten und Schulen benutzt (DAVIS 1934). Auch FITCH (1956) erwähnt in seiner wegweisenden Arbeit "An Ecological Study of the Collared Lizard (*Crotaphytus collaris*)" die herausragende Stellung der Halsbandleguane für Laboratoriumsstudien auf den Gebieten der Genetik, Physiologie, Bakteriologie und auf weiteren Feldern. Seit Mitte des zwanzigsten Jahrhunderts wurden die Tiere in oft großen Mengen gesammelt, um in ihrer Heimat Amerika und im fernen Europa einem ungewissen Schicksal als Terrarienbewohner entgegen zu sehen.

Heute wird der Halsbandleguan wegen seines ansprechenden Äußeren und seiner auffälligen Färbung auf zahlreichen Postkarten der südwestlichen USA abgebildet. Als Leitart für die Reptilienfauna wird er am Eingang verschiedener Nationalparks auf Standtafeln

Abb. 10. Indianische Handarbeit aus Arizona.

Abb. 11. Eingangsschild Rabbit Valley (Colorado) mit dem Hinweis auf die dort häufige gelbköpfige Farbvariante von *C. c. baileyi*.
Fotos: R. Schumacher

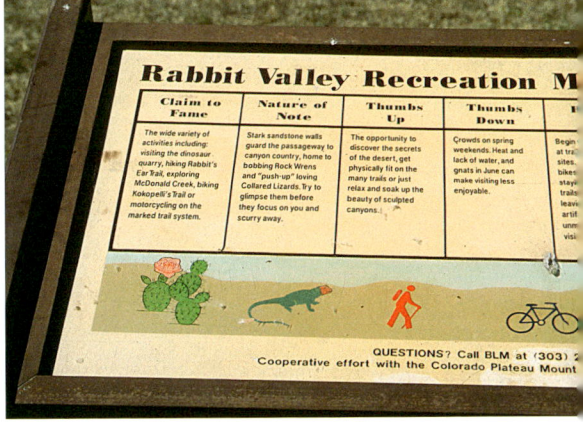

Rabbit Valley Recreation M

Claim to Fame	Nature of Note	Thumbs Up	Thumbs Down	
The wide variety of activities including: visiting the dinosaur quarry, hiking Rabbit's Ear Trail, exploring McDonald Creek, biking Kokopeli's Trail or motorcycling on the marked trail system.	Stark sandstone walls guard the passageway to canyon country, home to bobbing Rock Wrens and "push-up" loving Collared Lizards. Try to glimpse them before they focus on you and scurry away.	The opportunity to discover the secrets of the desert, get physically fit on the many trails or just relax and soak up the beauty of sculpted canyons.	Crowds on spring weekends. Heat and lack of water, and gnats in June can make visiting less enjoyable.	Begin at trai sites. bikes stayi trails leavi artif unm tra

QUESTIONS? Call BLM at (303) 2
Cooperative effort with the Colorado Plateau Mount

gezeigt. Kaum ein naturkundlicher Reiseführer zu den in seinen Verbreitungsgebieten liegenden Naturdenkmälern wird gedruckt, ohne ein Bild dieser ansprechenden Echsen zu enthalten. Obwohl einige amerikanische Bundesstaaten das Sammeln der Tiere inzwischen eingeschränkt oder verboten haben, ist es doch meist unter Beachtung von Auflagen oder bestimmten Einschränkungen möglich, diese dort privat zu fangen und zu halten. Andere Bundesstaaten erlauben weiter ihren Fang und Export uneingeschränkt.

Auf terraristischen Börsen finden wir die Tiere nicht mehr allein in den Behältnissen der Anbieter und Züchter, ihr Bildnis begegnet uns dort auf Tassen und Bechern oder auch auf T-Shirts. In der modernen Medienlandschaft haben die Halsbandleguane ebenfalls ihren Platz gefunden. Im Internet findet man heute, im Jahr 2002, neben mehr als 1300 Webseiten, auf denen diese Tiere immerhin Erwähnung finden, auch Seiten, die sich ausschließlich mit diesen Tieren beschäftigen. Genannt seien hier nur die Seiten des Autors oder einiger US-amerikanischer Halsbandleguanzüchter. Außerteils sehr umfangreichen Informationen, sind oftmals auch Foren oder Angebote, Gesuche und Tauschwünsche von Nachzuchttieren enthalten. Auch eine große amerikanische Reptilienseite hat sich dem Thema angenommen und unterhält ein eigenes "collared lizard forum" welches unter der folgender Adresse aufgerufen werden kann: www.kingsnake.com/forum/collared/

Eine Verbindung besteht offenbar zwischen Halsbandleguanen und der Musik. Schon zu Zeiten der amerikanischen Pioniere wurden die Halsbandleguane regional auch "Mountain Boomer" (Bergsänger) genannt. Ein Umstand, den sie einem Irrtum verdanken. Die stimmlosen Reptilien bewohnen im Osten ihres Verbreitungsgebiets oftmals die gleichen Felsen, den auch ein versteckt lebender kleiner Frosch, der "barking frog" (*Eleutherodactylus augusti*) für seine abendlichen Rufe ausgewählt hat (CONANT & COLLINS 1991)

Somit verwundert es nicht, dass es heute einen Musikshop gibt, der unter dem Namen: http://www.mountainboomer.com/ seine Musik über das Internet vertreibt. Auf ihren Seiten führt die Firma auch einige Links zu den namengebenden Gesellen an. Das Firmenlogo zeigt einen freundlich dreinschauenden grün-gelben Halsbandleguan.

Auch der US- Bundesstaat Oklahoma hat sich des Halsbandleguans angenommen. Neben einem Staatsbaum, einer Staatsblume und einem Staatsvogel hat man auch den Halsbandleguan oder Mountain Boomer als Staatsreptil besonders geehrt. Aus heutiger Sicht lässt sich sagen, dass die Halsbandleguane die Sympathie der Menschen auf jeden Fall für sich gewonnen haben.

Verbreitung, Lebensraum und Lebensweise

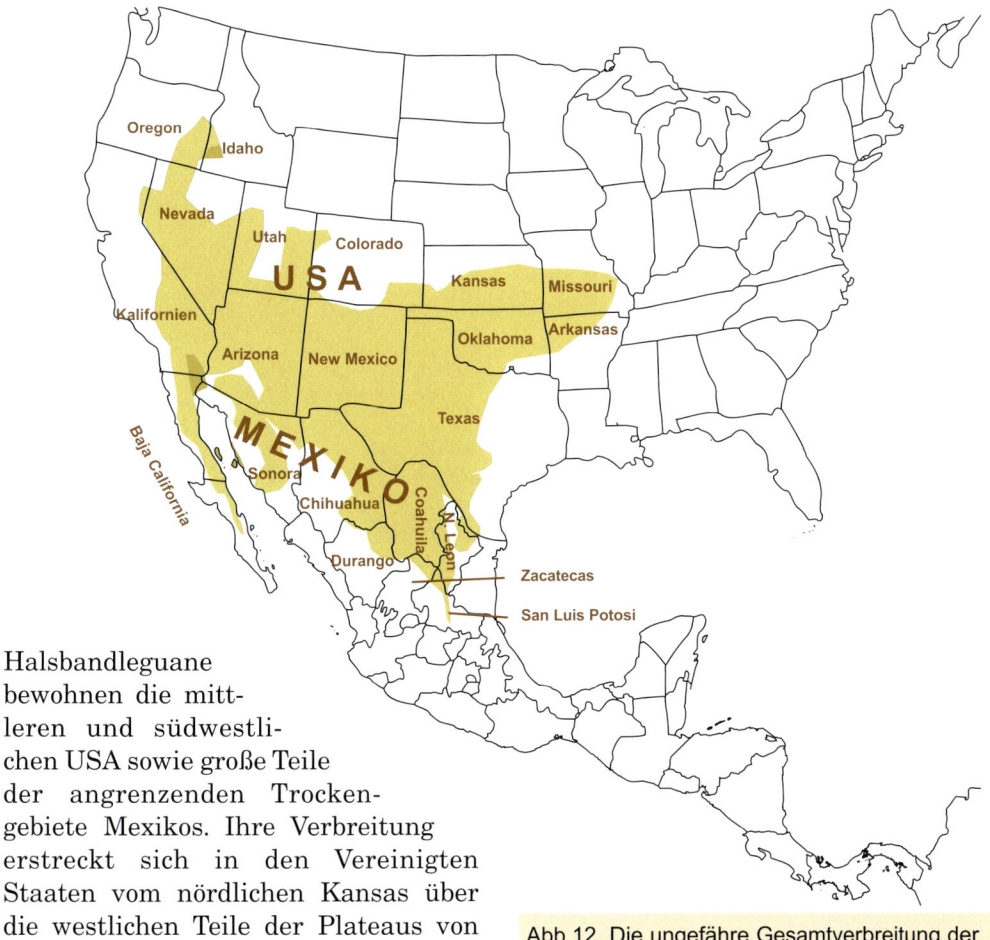

Abb. 12. Die ungefähre Gesamtverbreitung der Halsbandleguane (nach MᴄGᴜɪʀᴇ 1996).

Halsbandleguane bewohnen die mittleren und südwestlichen USA sowie große Teile der angrenzenden Trockengebiete Mexikos. Ihre Verbreitung erstreckt sich in den Vereinigten Staaten vom nördlichen Kansas über die westlichen Teile der Plateaus von Missouri und Arkansas über Oklahoma zum zentralen Texas, südwärts nach Mexiko, dort über Chihuahua bis zum nördlichen San Luis Potosí. Im Westen reicht das Verbreitungsgebiet in das östliche Kalifornien, nach Norden bis zum südlichen Oregon und Idaho. Ebenso werden große Teile der niederkalifornischen Halbinsel (mexikanischer Bundesstaat Baja California) sowie einige Inseln im Golf von Kalifornien und das angrenzende Festland im mexikanischen Bundesstaat Sonora besiedelt. Die vertikale Verbreitung erstreckt sich über alle geeigneten Habitate von annähernd Meereshöhe (*Crotaphytus insularis, C. dickersonae*) bis hinauf in Höhen von fast 2500 Metern, die als Obergrenze für das Vorkommen von *C. collaris* in Colorado genannt werden (Hᴀᴍᴍᴇʀsᴏɴ 1986).

Das Vorkommen der Halsbandleguane ist an einige Bedingungen geknüpft, die von FITCH (1956a) wie folgt zusammengefasst werden:

- Große, mit Steinen oder Felsen übersäte Flächen, auf denen die Steine als Aussichtspunkte, als Sonnenplätze und zur Thermoregulation benutzt werden können.

- Möglichst spärliche Vegetation, um das Sonnenlicht längstmöglich nutzen zu können, weiterhin zur Sicht- und Bewegungsfreiheit.

- Ein Vorkommen von großen und vor allem tagaktiven Insektenarten.

- Ein Klima mit hohen Sommertemperaturen und nur geringen Regenfällen, welches eine hohe Körpertemperatur ermöglicht.

Abb. 13. *Crotaphytus bicinctores,* Death Valley, Kalifornien.   Foto: G. Burré

Abb. 14. Weibchen von *Crotaphytus collaris baileyi* (Wupatki Ruins, Arizona).   Foto: P. Kornacker

Abb. 15. Der heiße Lebensraum von *Crotaphytus bicinctores* (Kofa Mountains im äußersten Westen von Arizona). Die Tiere bewohnen die Bergzüge im Hintergrund. Die Ebene wird wegen fehlendem Gestein nicht bewohnt.   Foto: R. Schumacher

Diese Voraussetzungen werden von großen Bereichen der nordamerikanischen Wüsten und Halbwüsten sowie den sie umgebenden Steppengebieten erfüllt, die gegen Westen durch hohe Gebirgszüge (Coast Range, Sierra Nevada und Sierra Madre Occidental) abgegrenzt werden. Westlich dieser Gebirgszüge ist das Wetter durchweg zu feucht und moderat, so das die Lebensräume der Halsbandleguane an keiner Stelle den Pazifischen Ozean erreichen. Nur auf der durch die hohen Gebirgszüge Niederkaliforniens geschützten Ostseite dieser Halbinsel erreicht ihre Verbreitung den Golf von Kalifornien und damit Meereshöhe.

Die Niederschlagsmenge im Verbreitungsgebiet ist recht unterschiedlich und reicht von 1020 mm/Jahr in der relativ feuchten Regionen des Ozark-Plateau, (JOHNSON 1992) bis zu weniger als 100 mm/Jahr in den sehr trockenen Bereichen des südlichen Großen Beckens und der Mohave Wüste. Die Niederschlagsmenge in der mexikanischen Chihuahua-Wüste liegt bei 200 bis 300 mm/Jahr. Weitere Unterschiede zeigen sich bei der Verteilung der Regenmengen auf bestimmte Jahreszeiten, von der auch die Zusammenstellung der Pflanzenwelt entscheidend beeinflusst wird (Einteilung der Großräume in Anlehnung an MAC MAHON 1994). Die sehr weit westlich gelegenen Gebiete des Großen Beckens und der Mohave-Wüste erhalten ihren geringen Niederschlag zumeist in der kalten Jahreszeit über Westwinde aus dem pazifischen Raum.

15

Abb. 16. In der typischen Pinien-Wacholder Vegetationszone um die 3877 m hohen Manti La Sal Berge südöstlich Moab (Utah) ist die gelbköpfige Variante von *C. c. baileyi* häufig zu finden. Schon im September kann es zu starken Schneefällen bis in niedrige Lagen kommen.   Foto: R. Schumacher

Im Norden fällt ein Großteil dieser Niederschläge in Form von Schnee, in südlicher gelegenen Regionen als sich fein verteilender Regen. Die Niederschläge erfolgen großflächig. Im Sommer sind die Tage durchweg heiß und sehr trocken. Wegen der fehlenden Luftfeuchtigkeit ist eine hohe Strahlungsenergie der Sonne auch in dieser tief gelegenen Wüste gegeben. Die Nächte sind auch im Sommer meist äußerst kalt. Die Pflanzenwelt ist nur von wenigen, meist strauchförmigen und winterharten Arten geprägt.

Die im äußersten Südwesten der USA und dem angrenzenden Mexiko gelegene Sonora-Wüste (Meereshöhe bis mittlere Lagen) und klimatisch zugehörige Wüstengebiete des östlichen Baja California, bilden ein Gebiet mit niedrigen aber auf das ganze Jahr verteilten Niederschlägen. Es erhält im Winter durch die zu dieser Zeit vorherrschenden Westwinde teils länger andauernde großflächige Regenfälle. Schnee fällt fast nie. In den Sommermonaten treten stellenweise heftige tropische Sommergewitter auf, die aus Resten tropischer Zyklone aus dem Golf von Mexiko bestehen. Diese kurzen und warmen Platzregen sorgen für kurzfristig sehr hohe Luftfeuchtigkeit bei Temperaturen oftmals um 35°C. Die Pflanzenwelt ist sehr vielseitig und gibt der Wüste mit ihren Kugel- und hohen Säulenkakteen oder den oft grünstämmigen Sträuchern einen tropischen Charakter. Die auffallende Pflanzenvielfalt ist hauptsächlich durch das Fehlen extremer und lang andauernder Kälte in den Wintermonaten bedingt. Die östlich gelegene und sich weit nach Mexiko hineinziehende Chihuahua-Wüste erhält in der kühlen Jahreszeit praktisch keine Regenfälle. Im Sommer treten dagegen manchmal sehr kräftige und warme Regenfälle durch tropische Zyklone aus dem Golf von Mexiko auf, diese konzentrieren sich jedoch vor allem an besonders hoch gelegenen Bergzügen. Wegen der extremen Gesamthöhenlage dieser südlichsten nordamerikanischen Wüste sind im Winter strenge Nachtfröste bis tief nach Mexiko hinein möglich. Gewöhnlich sind die Winter aber nur gemäßigt kühl. Die Pflanzenwelt setzt sich hauptsächlich aus Gräsern, Yuccas und

Abb. 17. Hier gibt es Fundorte von *Crotaphytus bicinctores* sowie der "*auriceps*"–Variante von
C. c. baileyi (Escalante NP, Südost Utah). Foto: R. Schumacher

Agaven zusammen, die der Gegend anders als der zuvor besprochenen Sonora–Wüste, einen subtropischen Charakter geben.

Das halbwüsten- bis steppenartige texanische Edwards Plateau, die Mittelgebirge und Ebenen um den Rio Grande und das Colorado Plateau liegen nördlich der Chihuahua und der Sonorawüste. Sie erhalten von Ost nach West abnehmende Niederschläge, die je nach Jahreszeit hauptsächlich als Schnee fallen. Wegen der relativ hohen Lage des Gebiets ist auch hier eine hohe Strahlungsenergie der Sonne gegeben. Die Nächte sind jedoch auch im Sommer recht kalt, daher wird das Colorado Plateau trotz seiner südlichen

Lage dem Gebiet des Großen Beckens zugerechnet, das Edwards Plateau den Prärien des Mittleren Westens.

Die Temperaturen im Lebensraum der Halsbandleguane weisen in ihrem jahreszeitlichen Verlauf wie auch in ihrem Wechsel von Tag und Nacht oft Schwankungen auf, die zu den Extremsten auf der Erde gehören. So sind am Nordrand des Verbreitungsgebiets der Halsbandleguane schon gesamtjährliche Temperaturschwankungen zwischen +44°C und -27°C ermittelt worden. In südlichen, teils unter dem Meeresspiegel liegenden Gebieten, wurden Höchsttemperaturen von fast 48°C gemessen. Da es sich bei den angegebenen Temperaturen um im Schatten gemes-

17

sene Lufttemperaturen handelt, ist dem Mikroklima überragende Bedeutung zu zumessen. Die Oberflächentemperaturen bestrahlter Gegenstände fallen wesentlich extremer ins Gewicht. Im Gebiete des Death Valley sind Oberflächentemperaturen oberhalb 90°C im Sommer keine Seltenheit (Quelle: Death Valley Nat. Park Service).

Ernährung

Halsbandleguane haben ein breites Beutespektrum und fressen als vorwiegend insektivore/carnivore Echsen praktisch alles, was sie überwältigen und verschlingen können. Sie erjagen ihr Futter auf Sicht. Meist verharren sie dazu lange Zeit auf erhaben liegenden Felsblöcken, die sie als Aussichtsplattform benutzen. Die Art *Crotaphytus reticulatus* klettert dazu auch auf Büsche oder Zaunpfähle (MONTANUCCI 1971). Von hier beobachten die Tiere ihre Umgebung und stellen einem entdeckten Futtertier in schnellen Lauf nach.

Normalerweise muß sich die Beute in Bewegung befinden, um ihre Aufmerksamkeit zu erregen. Jedes erreichbare laufende oder fliegende Beutetier geeigneter Größe in einem Radius von mehreren Metern wird von den Tieren attackiert, meist im Bereich des Kopfes ergriffen und mit gezielten Bissen getötet oder sofort verschlungen. Um Fluginsekten zu erbeuten, führen sie bis zu 40 cm hohe Sprünge aus (FITCH 1956a). In ihrem natürlichen Lebensraum ernähren sie sich vorwiegend von

Abb. 18. Ein trächtiges Weibchen von *Crotaphytus collaris* auf seinem Aussichtspunkt (Texas). Foto: R.D. Bartlett

großen, tagaktiven Insekten. Den Großteil bilden zweifellos verschiedene Schreckenarten und Fluginsekten. Heuschrecken, Grillen, Käfer, Zikaden, Schmetterlinge, Falter sowie Fliegen und Blattwanzen werden verspeist. Ebenso durchaus wehrhafte Stechinsekten wie Hummeln, Wespen, Bienen und Libellen gehören mit auf ihren Speiseplan. Einen größeren Teil der Nahrung bilden auch Spinnen, seltener werden Skolopender gefressen (KNOWLTON & THOMAS 1936, BLAIR & BLAIR 1941).

Außer Insekten gehören auch kleinere Reptilienarten zur ihrer natürlichen

Nahrung. Unter anderem werden folgende Arten genannt: die Rennechsenarten *Cnemidophorus tigris* und *C. sexlineatus*, der Seitenfleckenleguan (*Uta stansburiana*), junge Krötenechsen (z.B. *Phrynosoma modestum*), Skinke (z.B. *Eumeces obsoletus*) und verschiedene kleine Stachelleguane (*Sceloporus sp.*) (FITCH 1956a). Teils sind es sehr große Futtertiere die verschlungen werden. BAIRD (2000) beschreibt wie ein weiblicher Halsbandleguan eine 32,4 cm lange Halsbandnatter *Diadophis punctatus* verschlang. Das Tier hatte die über 2-fache Länge der KRL der Echse. HUSAK & ACKLAND 2000 beobachteten in Oklahoma, wie eine 20 cm lange Rauhe Grasnatter *Opheodrys aestivus* ergriffen und innerhalb von 2 Minuten hinabgewürgt wurde. BEST & PFAFFENBERGER (1987) beobachteten den erfolgreichen Angriff auf eine *Sonora semiannulata*.

Abb. 19. Zur Nahrung in der Natur gehören auch Echsen (Weibchen von *C. bicinctores*).
Foto: R. Schumacher

Die Aufnahme herbivorer Nahrung wurde schon mehrfach beschrieben. BANTA (1960) fand bei Magenuntersuchungen von Tieren aus Nevada reife rote Beeren von *Lycium andersonii*. Auch von *Crotaphytus reticulatus* ist bekannt, daß er die Beeren von *Lycium berlandieri* frißt (MONTANUCCI 1971). FELDNER (pers. Mitteilung) beobachtete einen *Crotaphytus vestigium*, der unter einem Ocotillo–Strauch auf herabfallende Blüten wartete, die er dann gierig hinunterschluckte.

Abb. 20. Die Rennechse *(Cnemidophorus)* gehört mit zum Speiseplan in der Natur.
Foto: R. Schumacher

Abb. 21. Auch wehrhafte Insekten, wie die Gottesanbeterin, werden ergriffen und verschlungen.
Foto: R. Schumacher

Thermoregulation

Als tagaktive Bewohner der besonders heißen Wüsten-, Halbwüsten- und Steppengebiete Nordamerikas waren die Halsbandleguane gezwungen, einige recht erfolgreiche Verhaltensweisen zu ihrer Wärmeregulation zu entwickeln. Während in den Wintermonaten die Tiere in tiefen, meist unter Steinen liegenden Hohlräumen überdauern, bei denen ihre Körpertemperatur oftmals nur wenige Grade über Null beträgt, verbringen die Tiere in der Frühjahrs- und Sommerzeit die kühlen Nächte in meist kurzen, selbst gegrabenen Spalten unter den von ihnen bewohnten Felsen. An kühlen und regnerischen Tagen verlassen sie ihre Verstecke nicht. Werden sie unter ihren Steinen überrascht, sind sie bei Temperaturen um 10°C noch völlig hilf- und bewegungslos. Ihre einzige Verteidigung besteht aus dem Aufreißen des Mauls und Beißversuchen (FITCH 1956).

Am frühen Morgen sind die Tiere daher sehr träge. Ihre Färbung ist düster, meist graubraun. Nur ihre weißen Punkte und Flecken sind zu sehen. Grüne, blaue oder silberne Zeichnungselemente fehlen noch. Sie suchen zuerst nahe ihres Unterschlupfes liegende Sonnenplätze auf und platten ihren Körper weitestmöglich ab, um die Sonnenstrahlen mit ihrem Körper aufzufangen. Bald suchen sie von der Sonne senkrecht beschienene Felsen oder Steine auf.

Abb. 22. Am frühen Morgen sind die Tiere noch ganz dunkel (*Crotaphytus collaris*).
Foto: U. Dost

Abb. 23. In der Sonne zeigen die Halsbandleguane bald ihre Prachtfärbung (*Crotaphytus collaris*). Foto: U. Dost

Schon bei einer relativ niedrigen Lufttemperatur ist es ihnen möglich, ihre Körpertemperatur durch geschickte Ausnutzung von Sonnenstrahlung und Bodentemperatur schnell auf einen weit höheren Wert als die umgebende Lufttemperatur zu bringen. Die durchweg über der Lufttemperatur liegenden Werte resultieren aus der guten Wärmeaufnahme der Sonnenenergie und dem sich schnell erwärmenden Gestein auf dem die Tiere leben. In der Folgezeit des Tages wird diese Körpertemperatur auf einem für sie günstigen Mittelwert gehalten, der über das Verhalten regelmäßig gesteuert werden muss. Dazu dienen ihnen die Sonnenstrahlen und die ihr dargebotene Körperoberfläche, die Körperfärbung und die damit einher gehende Reflektion oder Assimilation der Sonnenstrahlen.

Solange die Tiere ihre Vorzugstemperatur noch nicht erreicht haben, pressen sie sich möglichst dicht an wärmende Steine und bieten den Sonnenstrahlen eine große Körperoberfläche. Bei Erreichen des Bereichs der Vorzugstemperatur beginnen auch Verhaltensweisen einzufließen, die einen Schutz vor Überhitzung bilden. Die Körperfärbung ist nun nicht mehr düster wie am kühlen Morgen, sondern hell und die Tiere schillern in ihren prächtigsten Farben.

Nun werden zur weiteren Vermeidung von Wärmeaufnahme möglichst wenige Körperteile in Kontakt mit dem heißen Gestein gebracht. Die Tiere sitzen erhaben auf ihren Steinen und berühren diese allein mit den Fußballen und einem kurzen Stück ihres Schwanzes, auf dem sie sich gewöhnlich mit auf-

stützen. Der Körper wird nicht mehr abgeplattet und die Längsachse der Echse befindet sich parallel zu den einfallenden Sonnenstrahlen.

Abb. 24. Bei Erreichen der Vorzugstemperatur leuchten die Tiere in ihren prächtigsten Farben (Weibchen von *Crotaphytus c. baileyi*, "*auriceps*"-Variante; Grand County, Utah).
Foto: W. Wells

Abb. 25. Jungtier von *Crotaphytus bicinctores* hebt die Füße vom heißen Stein (Utah).
Foto: G. Burré

Steigt die Temperatur über ein bestimmtes Maß hinaus, wird das Maul geöffnet, um durch Verdunstung von Feuchtigkeit die Mundschleimhäute zu kühlen. Bei weiterer Zunahme der Temperatur ist aber auch der Halsbandleguan gezwungen, kühlere beschattete Bereiche aufzusuchen.

FITCH (1956) untersuchte bei seinen Studien auch die Körpertemperaturen der von ihm beobachteten Tiere. Bei seinen Messungen konnten bei verschiedenen Lufttemperaturen folgende Werte ermittelt werden:

Lufttemperatur	Körpertemperatur
32 °C	35 °C bis 42 °C
24 °C	33 °C bis 40 °C

Abb. 26. Bei zu großer Hitze werden schattige Plätze aufgesucht (*Crotaphytus c. baileyi,* Pinal County, Arizona). Foto: R.D. Bartlett

Die höchste von FITCH ermittelte Körpertemperatur eines aktiven Tiers lag bei 43,3°C, die niedrigste bei 20,7°C. Mehr als die Hälfte der Tiere wiesen Körpertemperaturen im Bereich zwischen 38 und 40°C auf, wobei weibliche Tiere den höher liegenden Bereich leicht bevorzugten.

Die größte Aktivität entwickelten die Tiere bei Lufttemperaturen zwischen 23 und 34°C. Ab 36°C Lufttemperatur suchten die Tiere schattige Plätze auf.

Abb. 27. Weibchen von *C. bicinctores* beim Kühlen der Mundschleimhäute. Beachte auch das auf der Halsunterseite unterbrochene Halsband bei den Weibchen. Foto: R. Schumacher

Jahreszeitlicher Wechsel, Ruheperioden und Überwinterung

In der Natur unterliegen Halsbandleguane den klimatischen Eigenheiten ihres Lebensraums. Unabhängig voneinander hat jede Tiergruppe Verhaltensweisen entwickelt, die zu ihrem normalen jahreszeitlichen Ablauf gehören. FITCH (1956) beschreibt den jahreszeitlichen Ablauf einer nördlichen Population von *Crotaphytus collaris*: die Tiere erscheinen aus ihren Winterquartieren zwischen Mitte April und Anfang Mai. Alle Halsbandleguane sind in dieser Zeit äußerst aktiv und die ersten Paarungen finden statt. Zwischen Juni und Juli sind regelmäßig

Eiablagen zu beobachten. Oft kann beobachtet werden, dass mindestens zwei Ablagen pro Jahr stattfinden. Auch junge Weibchen des Vorjahrs beteiligen sich oft an der Fortpflanzung. Diese legen jedoch meist nur ein Gelege zu einem relativ späten Zeitpunkt ab, während gleichaltrige männliche Tiere nur selten am Fortpflanzungsgeschehen teilhaben.

Ist der Zeitraum der Eiablage vorbei, ziehen sich die erwachsenen Tiere relativ schnell zurück. Sie halten sich nun bis Mitte August hauptsächlich in beschatteten Bereichen auf. Nur semiadulte (z.B. einjährige Tiere) sind noch regelmäßig im Freien. Anfang September sind fast keine größeren Tiere mehr aktiv, nun beginnt die Zeit der Jungtiere, die aus den Gelegen schlüp-

Abb. 28. *Crotaphytus c. baileyi* vor seiner Wohnhöhle. Das Tier befindet sich noch in der Aufwärmphase (Horenweep N.M., San Juan County, Südost Utah).   Foto: R. Schumacher

Abb. 29. Ein Jungtier von *Crotaphytus collaris baileyi* beim spätherbstlichen Sonnenbad am Südrand des Grand Canyon (Arizona).
Foto: R. Schumacher

von meiner Frau und mir ein Jungtier bei Lufttemperaturen um 30°C auf einem Stein beobachtet werden. Im Laufe des Monats Oktober verschlechtern sich auch für die Jungtiere die klimatischen Bedingungen so weit, dass sie die Winterruhe beginnen müssen.

Der Gesamtzeitraum dieses Zyklus beträgt für die erwachsenen Halsbandleguane in der Natur bis zu 8 Monate und setzt sich aus der im Hochsommer beginnenden Ruhezeit und der anschließenden Winterruhe zusammen. Jungtiere, die bis in den Herbst hinein aktiv sind, müssen jedoch aufgrund der extremen Klimaschwankungen und lang anhaltenden tiefen Temperaturen auch eine Winterruhe bis zu 6 Monaten verbringen.

fen. Die Jungtiere nutzen die kurze Zeit, die ihnen bis zur kommenden Winterruhe verbleibt. Oftmals sind das vom Zeitpunkt des Schlupfes an nur noch wenige Tage oder Wochen. Ihr Längenwachstum ist zu dieser Zeit enorm. Messungen haben in den ersten Lebenswochen ein wöchentliches Wachstum von ungefähr 7 mm ergeben.

Die Temperaturschwankungen im Lebensraum der Tiere sind im Herbst oftmals schon sehr extrem. Eine Beobachtung soll dies verdeutlichen. Wir befanden uns im späten September des Jahres 1995 in der Nähe von Moab, Utah, um Exemplare der dort lebenden sehr schönen gelbköpfigen Variante zu beobachten. Erwachsene Tiere waren schon lange nicht mehr zu beobachten, Jungtiere waren aber noch regelmäßig aktiv. Es kam am Morgen zu einem kräftigen Sturm mit Schneefall im angrenzenden Gebirge und Schneeregen auch in mittleren Lagen. Am Nachmittag des folgenden Tages konnte

Auch die südlichen Arten folgen diesem Zyklus aus Ruheperiode und Überwinterung, doch ist der Gesamtzeitraum durch die kürzere Dauer der Winterzeit insgesamt geringfügig anders. Die natürliche Überwinterung von *Crotaphytus collaris* beschreiben LEGLER & FITCH (1957). Danach überwintern die Tiere bevorzugt in unter den tiefsten Stellen von Steinen gelegenen Kammern. Es konnten Tiefen zwischen 16 und 35 cm festgestellt werden. Die tiefsten ermittelten Körpertemperaturen lagen bei 2,6 und 3,2°C.

Natürliche Feinde und Bedrohung

Abb. 30. Weibchen von *Crotaphytus reticulatus* in Abwehrstellung (Zapata County, Texas).
Foto: R.D. Bartlett

Zu den natürlichen Jägern der Halsbandleguane zählt zweifellos der den gleichen Lebensraum bewohnende Roadrunner oder Rennkuckuck (*Geococcyx californianus*), der auch großen Halsbandleguanen nachstellt (MONTANUCCI 1971). FITCH (1956) führt hauptsächlich verschiedene Greifvögel wie den Rotschwanzhabicht (*Buteo jamaicensis*) und den Präriefalken (*Falco mexicanus*) an. Diese erbeuten Halsbandleguane während der Aktivitätsphase auf deren Sonnenplätzen. Anders als die meisten ihrer Verwandten können Halsbandleguane nicht den Schwanz abwerfen, wenn sie ergriffen werden. Daher haben sie eine recht offensive Art entwickelt, einem Angrei-

fer entgegen zu treten. Als Angehörige der größten Predatoren ihres Lebensraums verlassen sich die Echsen zum großen Teil auf ihre Schnelligkeit, ihren festen Biss und ihre messerscharfen Zähne. Von ihren bevorzugten Aufenthaltsplätzen haben sie eine überragende Weitsicht, die sie potentielle Angreifer frühzeitig entdecken lässt. Oft lassen sie größere Tiere sehr nah an sich herankommen, ohne zu verschwinden. Wird aber eine Distanz von nur wenigen Metern unterschritten, verschwinden die Tiere mit nur einigen schnellen Sätzen unter ihren Felsen oder suchen in raschem Lauf Schutz unter benachbarten Steinen. Stellt man die Tiere dort in ihrem Versteck, setzen sie sich

25

auch gegenüber größeren Angreifern sofort zur Wehr. Sie reißen das Maul auf und blähen den Körper. Unter heftigen Atembewegungen werden Zischlaute abgegeben. Bei einem Angriff haben sie den Mut, auf den Angreifer loszustürmen und kurz aber heftig zu beißen. Direkt danach folgt meist eine schnelle Flucht, die sie mit langen Sätzen unter Geröll oder in Gesteinsspalten führt. So bedrängt wird oft eine Geschwindigkeit entwickelt, bei der ein bipedaler (zweibeiniger) Lauf möglich ist.

Gleichgroße artfremde Tiere, wie z. B. andere Echsenarten, die sie auf ihrem Aussichtsplatz stören, werden, wenn möglich, verjagt. Die Halsbandleguane beäugen den Eindringling, stellen sich schräg auf und flachen sich seitlich ab, damit ihre Silhouette möglichst groß wirkt. Der Kopf der Tiere wird langsam mehrmals gehoben und gesenkt, als wollten sie ihr Gegenüber abschätzen. Dabei wird der hintere Teil des Schwanzes nervös geschlängelt oder gepeitscht, die Kehle so weit wie möglich abgespreizt. Ein Angriff wird erst durch seitlichen Lauf und dann direkten frontalen Zulauf auf den Eindringling eingeleitet. Bei einer Flucht wird oft mit den gleichen Bewegungen begonnen, jedoch folgt hier im Anschluss an den seitlichen Lauf die schnelle Flucht. Bei Terrarienbeobachtungen konnte ich dieses Verhalten oftmals gegenüber den das gleiche Terrarium bewohnenden und körperlich ebenbürtigen Mauergeckos (*Tarentola deserti*) beobachten. Flüchteten diese bei einem solchen Angriff, wurden ihre Schwänze gepackt, abgerissen und verspeist. Blieben diese aber sitzen, verharrten die Halsbandleguane verblüfft

und beleckten die Geckos. Spätestens dann flüchteten diese unter rascher Verfolgung durch die Halsbandleguane. Außerhalb der Aktivitätszeit sind die Echsen im Freiland verschiedenen nächtlichen Jägern ausgesetzt. Besonders einige echsenfressende Schlangenarten wie z. B. die Zornnattern (*Masticophis flagellum* und *M. bilineatus*) erbeuten diese während der Nacht in deren Versteck (CAMPER & DIXON 2000) sind aber auch schnell genug die Echsen während des Tags zu ergreifen (FITCH 1956).

Der Mensch stellt für die Tiere offenbar keinen unmittelbaren Feind da. Nicht anders ist es zu erklären, dass es mir auf einer Reise möglich war, einen mich beobachtenden Gelbkopf–Halsbandleguan nach ruhigen Bewegungen mit der Hand zu berühren und seine Seite zu streicheln. Bei den Berührungen betrachtete das Tier meinen Kopf und meine Hand und rückte daraufhin nur wenige Zentimeter zur Seite. Erst

Abb. 31. Dieser männliche *C. bicinctores* nahm nicht nur auf dem Kopf des Beobachters Platz, er ließ sich bereitwillig von der Hand füttern (Südöstliche Mohave Wüste, Kalifornien).
Foto: W. Wells

mehrmalige Berührungen veranlassten das Tier, es handelte sich um ein hochträchtiges Weibchen, ein wenig zur Seite zu laufen, wo es innehielt und mich weiter beäugte. Auch konnte WELLS (pers. Mitteilung) einen Freund fotografieren, auf dessen Kopf ein gerade gefangener Mohave-Halsbandleguan "platzgenommen" hatte. Ein weiteres Bild zeigte ihn beim Füttern mit einer Heuschrecke (s. Abb. 31). Eine Erfahrung, die ich ebenfalls mit einigen kurz zuvor importierten, noch nicht eingewöhnten "wilden" Tieren machen konnte. Ähnliches berichten NUSSBAUM, BRODIE & STORM (1983). Sie beobachteten, wie ein Fotograf von einem männlichen Halsbandleguan erst angedroht und später "bestiegen" wurde.

Die von Halsbandleguanen der nördlicher liegenden Gebiete bevorzugt bewohnte Pinien–Wacholder–Pflanzengemeinschaft ist weit über den Südwesten der Vereinigten Staaten verteilt und es wird zur Zeit nicht angenommen, dass eine weitere Urbanisierung große Einflüsse auf die dort lebenden Reptilien und damit den Halsbandleguan haben wird (Quelle: Internetseite der amerikanischen Naturschutzbehörde). Ähnliches gilt für die Arten, die in den weiter südlich gelegenen Bereichen der Mohave–, der Sonora– und der Chihuahua–Wüste im Bereich unzugänglicher Gebirgszüge, steiniger Canjons oder Lavaströme leben. STEWART (1994) führt einen Rückgang der Reptilienfauna in der östlichen Mohave-Wüste auf erhöhte Störung durch Menschen zurück. Für den Trans-Pecos Bereich zwischen New Mexico und Texas wird berichtet, dass die großflächige Umwandlung der dort

Abb. 32. Der Rückgang der natürlichen Lebensräume gehört zu den stärksten Bedrohungen der Halsbandleguane. Hier die Pinien-Wacholder Savanne in Colordo (Lebensraum von *C. collaris baileyi*).   Foto: R. Schumacher

vorherrschenden Pinien-Wacholder-Savanne in Grasland große Einflüsse auf die dort lebenden Reptilien hat. Auch an anderen Stellen machen sich Änderungen in der Vegetationsstruktur, hervorgerufen hauptsächlich durch fremde Gräser, bemerkbar. Diese verdrängen die ursprüngliche Vegetation (DEGENHARDT 1977, BUSACK & BURY 1974).

Hauptsächlich im Bereich der sich von Kanada bis an den Golf von Mexiko

27

Abb. 33. Der genetzte Halsbandleguan (*Crotaphytus reticulatus*) ist durch die Zerstörung seines Lebensraumes gefährdet. (Zapata County, Texas).   Foto: R.D. Bartlett

erstreckenden großen Prärien liegen einige wenige Fundpunkte gefährdeter Populationen des östlichen Halsbandleguans (*C. c. collaris*), sowie im äußersten Süden dieses Gürtels des Genetzten Halsbandleguans (*C. reticulatus*). Besonders letzterer bewohnt in seinem nur kleinen Verbreitungsgebiet einen Bereich, in dem großflächige Umwandlung seines Lebensraums in Farmland und die Ausbreitung von exotischen Grassorten den Lebensraum nachhaltig verändert haben (SCOTT & CSUTI 1997). Schon in den letzten 150 Jahren ist die Verbreitung der Halsbandleguane an ihrer nordöstlichen Verbreitungsgrenze stark rückläufig. Hierfür ist in diesem recht feuchten und niederschlagsreichen Gebiet eine zunehmende Ver-

buschung verantwortlich zu machen, da durch die zunehmende Beschattung der wenigen meist nur kleinflächigen Lebensräume keine geeigneten Sonnen- und Eiablageplätze mehr zur Verfügung stehen. Offenbar ist dieser Vorgang auf Brandschutzmaßnahmen und damit seltener auftretende Buschfeuer zurückzuführen (FITCH 1956).

Der US Fish and Wildlife Service (1994) erwähnt in einer Untersuchung, dass die Populationen besonders größerer Reptilienarten des Südwestens durch das Sammeln für den kommerziellen Handel teils deutlich beeinträchtigt werden. Hauptsächlich sind es jedoch der Chuckwalla und die Rosenboa, die nach dieser Untersuchung gefährdet scheinen. Nach einer internen Studie von ALBERT, Mitarbeiter der Nevada Division of Wildlife, haben allein in diesem Bundesstaat im Jahre 1993 neunzehn kommerzielle Reptilienfänger 21.794 Echsen und Schlangen gefangen und damit einen Umsatz von 250.000 US $ erzielt. Nur für den Chuckwalla wurde eine Stückzahl von über 300 Tieren ermittelt. Den Großteil machten jedoch andere Arten wie Stachelleguane, Leopard- und Halsbandleguane aus. Die für Halsbandleguane schon von FITCH (1956) angeführte schnelle Vermehrungsrate der Tiere kann eine Population jedoch voraussichtlich auch gegen diese Belastung größtenteils schützen. Bisher sind Halsbandleguane noch nicht so gefährdet, dass einzelne Arten in einen der Anhänge des Washingtoner Artenschutzübereinkommens aufgenommen wurden.

Pflege im Terrarium

Erwerb und Eingewöhnung

Von den Arten der Halsbandleguane kommen nur wenige über den gewerblichen Handel regelmäßig nach Europa. Die meisten amerikanischen Bundesstaaten haben in den letzten Jahren den Fang und die Ausfuhr von dort heimischen Reptilien und Amphibien gestoppt. Mexiko, ein weiteres Herkunftsland teilweise noch recht unerforschter Arten, führt ebenfalls keine lebenden Reptilien und Amphibien mehr aus. Heute sind es hauptsächlich Tiere aus den amerikanischen Bundesstaaten Nevada und Texas, aus denen wir die Arten *Crotaphytus bicinctores* und *C. collaris* erhalten können. Obwohl sich in den letzten Jahren immer mehr Terrarianer ernsthaft mit der Zucht beschäftigen, ist es noch ein großer Schritt, dass auch diese Arten so häufig gezüchtet werden, dass eine Nachfrage nach Wildfängen merklich gebremst werden kann.

Abb. 34. Weibchen von *Crotaphytus collaris* im Terrarium.   Foto: U. Dost

Vor einer Anschaffung sollte man sich, egal ob Wildfang oder Nachzucht, zuerst noch einige sehr wichtige Fragen beantworten.

Vor dem Erwerb:

• Welche Tiere möchte ich halten und sagt mir die Art, die ich eventuell bekommen kann, auch wirklich zu?

• Welche Bedürfnisse haben *Crotaphytus* und kann ich diese immer erfüllen?

• Ist es mir unter Beachtung des nötigen Pflegeaufwands für die Tiere möglich, meinen weiteren Interessen (z.B. Urlaubszeit) ohne für mich unzumutbare Einschränkungen zu verfolgen?

• Hat die Anschaffung der Tiere Einflüsse auf meine familiären Verpflichtungen, die der Haltung entgegenstehen?

• Wie reagieren meine Mitbewohner auf die Anschaffung eines Terrariums und wie reagieren sie oder meine Nachbarn auf etwaige Störungen durch Futterinsekten?

• Ist es mir möglich, Zuchten von Futterinsekten zu unterhalten oder kann ich regelmäßig Futter aus anderen Quellen beziehen, ohne dass es meinen Kostenrahmen sprengt?

• Ist der nötige Platz dauerhaft vorhanden und kann ich im Falle einer Zucht auch die Nachkommen entsprechend unterbringen?

Abb. 35. Kopfportrait von *Crotaphytus collaris* (Männchen).   Foto: R.D. Bartlett

trum im Terrarium nie voll der natürlichen Ernährung entsprechen kann. Bei Wildfängen bedarf es meist einer oft langwierigen und schwierigen Umstellungsphase. Leider müssen wir feststellen, dass, obwohl in den letzten Jahren immer mehr Halsbandleguane nachgezogen werden, es immer noch sehr schwierig oder gar unmöglich ist, Nachzuchten zu erhalten. Hier sollte man den Kontakt zu dem größten Interessenverband der Terrarianer in Deutschland und der Schweiz nicht scheuen. Die "Deutsche Gesellschaft für Herpetologie und Terrarienkunde" (DGHT e.V.) ist ein Sammelpunkt vieler Hobbyterrarianer und Wissenschaftler. In einem der regelmäßig erscheinenden Mitteilungsblätter der Gesellschaft werden Angebote, Gesuche wie auch Tauschwünsche der Mitglieder kostenlos inseriert (vgl. S. 40).

Sind diese Fragen zufriedenstellend geklärt und ist das nötige Terrarium nach den Ansprüchen der Tiere aufgebaut und eingerichtet, steht noch die Frage offen: woher beziehe ich meine Tiere und wie kann ich größtmögliche Sicherheit erhalten, dass ich gesunde Tiere bekomme.

Aus den verschiedensten Gründen lässt sich an dieser Stelle sagen, dass Nachzuchten gegenüber Wildfängen auf jeden Fall vorzuziehen sind. Die wichtigsten Gründe hierfür sind einerseits der Schutz der wild lebenden Populationen gegen teils massenhafte Entnahmen, wie auch andererseits der Vorteil der bereits erfolgten Eingewöhnung an eine künstliche Umwelt, die Nahrung und den Menschen. Nicht zu vernachlässigen ist bei dieser Überlegung auch die Prägung der Tiere auf bestimmte Futtersorten, dessen Spek-

Die andere Möglichkeit ist der Kauf von Wildfängen in einer zoologischen Handlung. Doch hier ist es leider nicht immer möglich eine Ansprechperson zu finden, die die richtige Auskunft zu den Tieren, zu ihrer Art, dem Geschlecht oder ihrer Herkunft geben kann. Gemieden werden sollten Händler, die ihre Tiere etwa ohne Licht, ohne Wasser oder ohne Berücksichtigung sonstiger grundlegender Bedürfnisse der Echsen und der Hygiene untergebracht haben. Man sollte keine Scheu davor haben, einen solchen Laden wieder zu verlassen, ein Kauf von Tieren unterstützt hier nur den Umsatz und damit eine erneute Nachfrage. Leider erweist es sich immer wieder, dass falsche Angaben zur Haltung, insbesondere was Temperaturansprüche und deren jahreszeitlichen Verlauf angeht, wie auch

Abb. 36. Männchen von *Crotaphytus collaris baileyi*.   Foto: W. Wells

Abb. 37. Weibchen von *Crotaphytus collaris* kurz nach der Eiablage.   Foto: W. Wells

Geschlechtsmerkmale:

Männchen

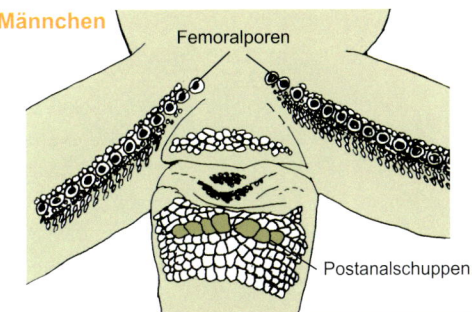

Femoralporen

Postanalschuppen

Abb. 38. Schwanzunterseite. Vergrößerte Postanalschuppen können bei einigen Arten (z.B. *C. collaris* und *C. bicinctores*) bereits kurz nach dem Schlupf zur Geschlechtsbestimmung herangezogen werden.

Weibchen

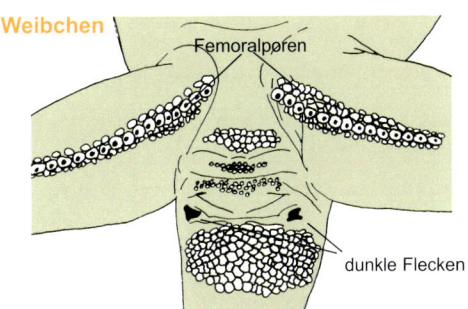

Femoralporen

dunkle Flecken

Abb. 39. Schwanzunterseite. Bereits kurz nach dem Schlupf können Weibchen verschiedener Arten (z.B. *C. collaris* und *C. bicinctores*) an dem Fehlen vergrößerter Postanalschuppen sowie an 2 oder mehr kleinen dunklen Flecken rechts und links der Kloake bestimmt werden.

Zeichnungen: Rainer Schumacher, n. Fotos von Robert Rhein

zum Geschlecht gemacht werden. Es werden regelmäßig jüngere, noch recht farblose Männchen mit erwachsenen voll ausgefärbten Männchen oder Angehörige zweier verschiedener Arten, wie z.B. ein braunes Männchen von *Crotaphytus bicinctores* mit grünen Männchen von *Crotaphytus collaris,* als Paar verkauft. Dies geschieht sicher oftmals im guten Glauben der Verkäufer, sollte aber nach Lektüre dieses Buches kaum noch passieren können. Das Geschlecht sollte anhand der deutlichen äußeren Geschlechtsmerkmale überprüft werden (vgl. Abb. 38-39 sowie die Angaben im Artenteil ab. S. 72).

Weitere Verwirrung herrscht bei den Namen der Tiere. *C. bicinctores* wird teilweise unter den falschen Namen *C. collaris* oder *C. insularis* verkauft. Bei *C. insularis* handelt es sich jedoch um eine Inselform, die aufgrund ihres Verbreitungsgebiets noch nicht in die Terrarienhaltung Einzug gehalten hat.

31

Möchte man sich Tiere aus einer Gruppe aussuchen, sollte man folgende Punkte beachten:

a) Wie viele Tiere sind in dem Terrarium?

b) Handelt es sich bei den Tieren um Angehörige einer Art oder sind verschiedene Arten in dem Terrarium untergebracht?

c) Sind Männchen und Weibchen der Art / der Arten vorhanden?

d) Sind an den Tieren äußere Parasiten wie Zecken oder besonders in der Nähe der Achselhöhlen rote Milben zu erkennen?

e) Gibt es unter den Tieren einige, die den Strapazen des Fangs, des Transports und der zwischenzeitlichen Unterbringung nicht mehr gewachsen waren und erschöpft unter Verstecken liegen?

f) Wie sehen die Tiere aus? Sind Verletzungen, z. B geschwollene Gelenke oder verdickte Abszesse an den Zehen zu erkennen?

g) Sind Weibchen anhand ihrer Färbung als trächtig zu erkennen (vgl. z.B. S. 29, 31)?

h) Ist die Lendengegend des Tieres seitlich oder von unten deutlich eingefallen?

i) Sind die Bereiche der Augendeckel und das Hinterhaupt wie bei einem gesunden Tier nach außen gewölbt oder eingefallen?

k) Besitzen die Tiere je nach Art einen kreisrunden oder vertikal ovalen Schwanz oder ist dieser durch Dehydrierung vor allem im Bereich hinter den Hintergliedmaßen "eckig" bzw. seitlich zusammengefallen?

Je mehr Punkte aus dem Bereich d) - k) bejaht werden müssen, desto eher ist mit einer folgenschweren Erkrankung oder anderen Problemen zu rechnen, die ein Überleben der Tiere in Frage stellen.

Von Interesse ist auch, ob Nahrung und wenn ja, welche angeboten und gefressen wurde. Importierte Tiere nehmen oftmals gierig das erste angebotene Futter auf, leider mit dem Nachteil, dass dieses oftmals innerhalb kurzer Zeit wieder erbrochen wird.

Wenn schon auf den Kauf von Wildfängen nicht verzichtet werden soll, so bietet es sich an, möglichst auf Importe zurückzugreifen, die im zeitigen Frühjahr, am Besten in den Monaten April und Mai in unser Land kommen. Zwar haben die Tiere dann eine längere Winterruhe hinter sich, doch sind vor allem die weiblichen Tiere noch nicht trächtig und es ist nicht gerade in der Eingewöhnungszeit mit folgenschweren Komplikationen durch das Verwerfen von Gelegen oder einer Legenot zu rechnen. Bei später in den Sommermonaten importierten Tieren

Abb. 40. Dieser Halsbandleguan ist stark ausgetrocknet und abgemagert, was an der faltigen Haut und den hervorstehenden Knochen erkennbar ist.   Foto: U. Dost

treten immer wieder große Schwierig-keiten auf, da trächtige Weibchen in der gesunden Gelegeentwicklung durch den Transport beeinträchtigt werden und oft an diesen Komplikationen verenden. Weiter ist die im Jahresverlauf nur recht kurze natürliche Aktivitätsphase der Tiere sicher mit schuld daran, dass später importierte Tiere oftmals nur noch wenig Futter annehmen.

Hat man sich entschlossen, eine Gruppe von Tieren zu erwerben, sollte man eine **Quarantänezeit** von 1-2 Monaten ein-halten, in der die Neuzugänge von bereits bestehenden anderen Gruppen streng getrennt gehalten werden. Das gleiche gilt auch für Hilfsmittel wie Pinzetten und Wassergefäße, die nicht bei anderen Tieren zum Einsatz kom-men dürfen. Diese Zeit muss genutzt

werden, um bei den Tieren regelmäßig auf Krankheitssymptome zu achten, aber auch zur Untersuchung von Kotproben auf eventuelle Magen-Darmparasiten.

Einrichtung des Quarantänebeckens

Die oft empfohlene Einrichtung eines Quarantänebehälters ohne Bodengrund mit Zeitungspapier und Wasserschale ist nicht für Halsbandleguane geeignet. Die streng **felsbewohnende** Lebens-weise der Halsbandleguane macht eine für sie modifizierte Form notwendig. Ein fester, leicht zu reinigender Steinboden aus Beton oder Fliesen-kleber, ebenso gestaltete, lückenlose aber mit Vorsprüngen versehene Rück- und Seitenwände ermöglichen eine weitgehend sterile Unterbringung. Sie bilden für die Neuankömmlinge wie auch für die länger eingesessenen Tiere einen geeigneten Lebensraum. Eine **Wasserschale** sowie als Versteckplätze dienende und leicht zu entnehmende Steinröhren vervollkommnen die Ein-richtung. Die Einrichtung für Jungtiere muss modifiziert werden, hier ist tro-ckenes Gras als Unterschlupf empfeh-lenswert, schwerere Einrichtungs-gegenstände sollten gemieden werden.

Abb. 41. Erwirbt man ein trächtiges Weibchen, ist mit Schwierigkeiten zu rechnen (hier: *C. collaris*). Foto: U. Dost

Auf keine Fall sollten Sand, Kies oder gar Holzspäne eingefüllt werden. Diese sind auch bei der späteren Haltung nach der Quarantäne nicht empfehlenswert, da sie nicht artgemäß sind und bei der Fütterung oft mit aufgenommen werden.

33

Dies kann zu Verletzungen oder Verstopfung führen. Empfehlenswert ist etwas locker aufgestreuter Taubengrit, wie er bei der Zucht von Brieftauben verwendet wird.

Bei eventuell **trächtig** erworbenen weiblichen Tieren darf eine Eiablageschale mit dem geeigneten Substrat (feste Erde) auch im Quarantänebecken selbstverständlich nicht fehlen und sollte möglichst schon lange vor dem voraussichtlichen Ablagetermin eingestellt werden.

Da der Kot im Normalfall relativ trocken abgesetzt wird, kann er wie auch etwaige tote Futtertiere mit einer Pinzette entnommen oder mit einem Staubsaugerschlauch abgesaugt werden. Von feuchtem Kot verschmutzte Stellen sollten gesäubert und mit einem Desinfektionsmittel abgetupft werden, ebenso die benötigten Hilfsmittel. KÖHLER (1999) empfiehlt Desinfektionsmittel auf Peroxid- oder Alkoholbasis wie z. B. Lysoval oder Apesin, er rät von phenolhaltigen Präparaten (z. B. Sagrotan) ab. Ich selbst konnte im Zusammenhang mit Halsbandleguanen und Sagrotan noch keine negativen Beobachtungen machen, benutze dies aber auch nur in Verbindung mit der Reinigung von Zubehörteilen, die nach der Desinfektion noch ausgiebig gewässert werden.

> Eine Versorgung der Tiere mit den entsprechend hohen Tagestemperaturen und vollwertiger Beleuchtung ist auch in einem Quarantänebecken ein unbedingtes Muss.

Kotproben werden möglichst frisch in saubere Filmdosen getan und zur parasitologischen Untersuchung an ein geeignetes Institut (Adressen kann man bei der DGHT, s. S. 40, erhalten) weitergeleitet.

Dabei sollte darauf gedrungen werden, dass auch eine Amöbenkultur angelegt wird. Es ist dringend notwendig, dass die verschickten Kotproben möglichst frisch und ohne anhaftenden Bodengrund entnommen werden, andernfalls können die Ergebnisse durch im Boden enthaltene Keime verfälscht werden. Bei einem positiven Befund sollte man einen reptilienkundigen Tierarzt konsultieren und eine entsprechende Behandlung einleiten. Bei der recht häufigen Diagnose von **Nematoden** (Fadenwürmern) ist eine Behandlung mit Fenbendazol, z. B. Panacur, in einer Dosierung von 40-50 mg/kg KG oral anzuraten. Dieses Mittel ist im allgemeinen gut verträglich. Eine Behandlung sollte mit mehreren Wochen Abstand wiederholt werden, bis die Untersuchung kein positives Ergebnis mehr aufzeigt.

MONTANUCCI (1971) fand in mehr als 12% der von ihm untersuchten Tiere Innenparasiten, zumeist Nematoden. Bei einem Nachweis von Amöben oder Salmonellen sollte die Medikation nicht ohne die Hilfe eines erfahrenen Tierarztes erfolgen. Oftmals sind Medikamente notwendig, die die übrige Gesundheit der Echsen sehr nachteilig beeinflussen. Gerade bei einer solchen Erkrankung ist mit äußerster Sorgfalt vorzugehen. Der Zoo Rotterdam konnte bei einigen Nachzuchten *Salmonella montevideo* und *Salmonella barranquil-*

la nach mehreren Abstrichen feststellen (ZWARTEPORTE pers. Mit.). Die Behandlung gestaltete sich sehr schwierig und verlief über mehrere Monate. Trotzdem wurden in den später verstorbenen Tieren wieder Salmonellen nachgewiesen. Meist ist durch die wirtsspezifische Spezialisierung solcher Krankheitserreger keine unmittelbare Gefahr für den Pfleger gegeben, doch sind Zoonosen (Übertragungen auf den Menschen oder andere Haustiere) nie auszuschließen, weshalb selbstverständlich auch hier die Hygienebestimmungen unbedingte Beachtung verlangen. Eine Desinfektion der Hände sollte regelmäßig nach dem Umgang mit eventuell erkrankten Tieren erfolgen.

Äußere Verletzungen an den Gliedmaßen oder an der Schnauzenspitze können mit einer Vitamin D-haltigen Wund- und Heilsalbe (Lebertransalbe, z. B. Unguentolan) behandelt werden. Das beschädigte Gewebe wird regelmäßig vorsichtig mit Hilfe eines Wattestäbchens eingestrichen. Eitrig entzündete Wunden sollten gereinigt und zunächst mit einer die Wunde desinfizierenden Salbe wie Betaisodona äußerlich behandelt werden.

Zecken kann man an allen Körperteilen der Tiere finden. Freilanduntersuchungen haben gezeigt, dass es sich oft um die Arten der Gattung *Ornithodorus* handelt (MONTANUCCI 1971). Besonders häufig sind diese im Bereich der Ohröffnungen, der Halsfalte und um die Beinansätze zu finden. Sie können mit Hilfe einer Pinzette und einer leichten Drehung entfernt werden, die zurückbleibende meist nur

Abb. 42. Männchen von *Crotaphytus bicinctores* mit kleiner Verletzung im Schnauzenbereich.
Foto: U. Dost

kleine Wunde ist mit Betaisodona zu bestreichen.

Milben sind besonders häufig in der Kehlfalte und in den Falten um die Beinansätze zu finden. Seitlich hinter den Vorderbeinen haben die Tiere Hauttaschen, die wegen der an diesen Stellen häufig auftretenden Parasiten als "Milbentaschen" bezeichnet werden. Zwei weitere Einbuchtungen im hinteren Bereich der Hinterbeinansätze, die "postfemoralen Milbentaschen", werden ebenfalls bevorzugt befallen. Meist handelt es sich um die Rote Milbe *Odontacarus arizonensis* sowie *Eutrombicula alfreddugesi,* die hier sehr häufig in großer Zahl gefunden werden (MONTANUCCI 1971). Durch ihre Farbe und Größe sind sie jedoch sehr deutlich erkennbar. Sie können mit einer fett-

35

Abb. 43. Männchen von *Crotaphytus c. baileyi,*
"auriceps"-Variante, mit Milben (rote Punkte) in
den Milbentaschen im Oberschenkelbereich.
Foto: R. Schumacher

Mittel jedoch nur zum Besprühen der Terrarien geeignet ist. Die Tiere sind bis zur anschließenden Lüftung zu entfernen (HOFFMAN mündl. Mitteilung, HANSJÜRGENS 2002). Daher scheint es mir nicht für eine Anwendung in einem Terrarium für Insektenfresser geeignet.

Manchmal weisen Halsbandleguane **innere Verletzungen** durch Opuntienstachel auf. Ein junges Wildfangtier (ca. 40 mm KRL) enthielt einen den Körper komplett durchbohrenden Stachel von 15 mm Länge. Die Echse zeigte jedoch keine Einschränkungen. Der Stachel wurde anfänglich bemerkt, jedoch von mir nicht als solcher erkannt. Da er in dem Körper des Tieres offenbar wanderte, war er schon kurze Zeit später nicht mehr auffindbar. Erst nach zwei weiteren Jahren wurde ich wieder auf ihn aufmerksam und konnte ihn vorsichtig entfernen. Meist finden sich solche Stachel in Kopf und Unterkiefer (FITCH 1956), teils verursachen sie örtliche Schwellungen (MONTANUCCI 1971).

haltigen Salbe abgedeckt werden unter der sie ersticken und später abfallen. Ich habe auch gute Erfolge mit dem Präparat Blattanex (Wirkstoff Dichlorvos) der Firma Bayer erzielen können, doch ist eine Verwendung von Insektenschutzmitteln immer mit einem großen Risiko verbunden, nicht alle Reptilien vertragen diese Wirkstoffe. Der Wirkstoff ist hier in eine kunststoffähnliche Platte gebunden und gast langsam aus. Je nach der Terrariengröße wird ein kleiner Teil der Platte zurechtgeschnitten und in das Becken eingehängt (vgl. KÖHLER 1996). In letzter Zeit wird auch des öfteren das Spray Ardap (Wirkstoffkombination Permethrin und Cypermethrin) der Firma Cyanamid empfohlen, was für Reptilien ungiftig sein soll, wobei dieses

Oftmals sind die zu erhaltenden Tiere durch Fang und Transport sehr geschwächt. Wichtig für eine möglichst schnelle Eingewöhnung der Tiere und eine Verhinderung weiterer Auszehrung und **Dehydratation** ist eine umgehende Unterbringung der Tiere in einem den klimatischen Anforderungen entsprechenden Terrarium. Eine Wasserschale, versetzt mit einer Elektrolytlösung, sollte zur Verfügung gestellt werden. Verschiedene Präparate sind in der Apotheke erhältlich. Sie werden hauptsächlich für die Behandlung von erkrankten Kleinkindern benutzt und können frei gekauft werden.

Die Tiere werden schneller auf das **Wasser** aufmerksam, wenn man es aus einer Kanne langsam in die im Terrarium befindliche Schale einlaufen lässt.

Die meist nur wenig scheuen Tiere werden auch auf an der Schale herunter laufende Wassertropfen aufmerksam. Oftmals ist man erstaunt, dass die Tiere so wenig Scheu zeigen. Daher ist es meist möglich, Wassertropfen mit einer Pipette (erhältlich in der Apotheke) auf die Nasenspitze zu träufeln, die dann gierig aufgenommen werden. Auch durch Besprühen glatter Wände kann man die Aufmerksamkeit der Tiere erwecken. Die Tiere selbst sollten nicht besprüht werden, da meist panikartige Reaktionen die Folge sind.

Abb. 44. Männchen von *Crotaphytus collaris*.
Foto: U. Dost

Als **Nahrung** sollte den Neuankömmlingen weiche, leicht verdauliche Nahrung angeboten werden. Besonders geeignet sind Falter der großen Wachsmotte, möglichst große Larven derselben sowie Heimchen und Kurzflügelgrillen, eventuell Steppengrillen. Diese sind nach meiner Erfahrung recht gut verdaulich und werden aufgrund ihrer hellen Färbung auch sehr gern genommen.

Den Motten kommt eine besonders große Bedeutung zu, denn sie lösen auch in schwierigeren Fällen bei **Futterverweigerung** fast immer den Fanginstinkt aus. Die dunkleren Zweifleckgrillen werden von Wildfängen oft nicht akzeptiert, oftmals wird nur ein Futtertier gefressen, dann werden diese Insekten lange Zeit nicht angerührt. Weniger geeignet sind in dieser ersten Zeit Zophobas, Fliegenmaden und Heuschrecken. Obwohl sehr gern angenommen, werden diese wegen ihrer schlechteren Verdaulichkeit auch von gesund erscheinenden Tieren sehr oft wieder erbrochen, was die Echsen zunehmend schwächt.

Zeigen die Tiere auf ein vorbeikriechendes Futtertier keine Reaktion, so empfiehlt es sich, dieses im Bogen an den Tieren vorbei zu werfen, was oftmals das schnelle Ergreifen nach sich zieht. Oft kann man auch beobachten, dass das vorbeikriechende Futter nur unter kauenden Bewegungen betrachtet wird, aber keine Anstalten gemacht werden, dies zu ergreifen. Hier ist auf gleiche Art zu verfahren.

Ein Versuch der Zwangsernährung erweist sich in den meisten Fällen als ungeeignet, meist undurchführbar. Auch tief in den Rachen eingeschobene geeignet erscheinende Futtertiere wer-

37

den fast immer unter heftigen Schüttelbewegungen wieder ausgewürgt. Meist zeigen sich auch vorher weitgehend gesund erscheinende Tiere dadurch so geschwächt, dass sie nur kurze Zeit später in Lethargie verfallen und oft sterben.

Eine **Zwangsernährung** mit flüssigen Nahrungsmitteln wie Boviserin oder Amynin, wie KÖHLER (1999) sie für stark geschwächten Basilisken empfiehlt, wurde von mir noch nicht durchgeführt. Es scheint mir fraglich, ob die zuvor geschilderten Reaktionen ausbleiben. Eine orale Verabreichung von Medikamenten, Vitaminen oder Flüssig-Nahrungsmitteln scheint nach meinem Eindruck ohne Magensonde einfacher. Medikamente oder Vitamine werden dazu in höchstens 5-10 Tropfen Wasser gelöst und in einen auf eine Spritze aufgeschobenen Schlauch eingezogen. Dem sicher in der Hand fixierten Leguan wird mit dem Daumen der gleichen Hand die seitliche untere Schuppenreihe des Maules heruntergezogen, wodurch eine keilförmige Öffnung über der Zahnreihe entsteht. Mit der anderen Hand oder von einer zweiten Person wird die Flüssigkeit tropfenweise eingeträufelt. Die bei dieser Prozedur durch die Zahnreihen dringende Flüssigkeit wird in nahezu allen Fällen von dem Tier – wenn auch widerwillig – mit der Zunge aufgeleckt und heruntergeschluckt.

Abb. 45. Im Terrarium müssen viele Strukturelemente und Versteckmöglichkeiten vorhanden sein (Pärchen von *C. vestigium;* das Weibchen, rechts, ist trächtig).
Foto: R. Schumacher

Das Terrarium

Halsbandleguane benötigen wegen ihrer stürmischen Bewegungen ein geräumiges Terrarium mit möglichst großer Bodenfläche, welches der zu erwartenden Körpergröße der Tiere angepasst sein sollte. Ihren natürlichen Bewegungen, schnellen Sprints und weiträumigen Sprüngen können die Tiere nur in recht großflächigen Terrarien nachkommen.

Abb. 46. Halsbandleguane haben einen großen Bewegungsdrang; hier ein Pärchen (Weibchen hinten) von *C. c. fuscus.* Foto: R. Schumacher

Terrariengröße:

Kleineren Arten wie dem meist nur 30 cm Gesamtlänge erreichenden *Crotaphytus bicinctores* und die klein bleibende "*auriceps*"–Variante von *C. collaris baileyi*, sollten für eine dauerhafte Haltung Behältergrößen von mindestens 130 x 40 x 40 cm (LBH) geboten werden. Für mittelgroße Arten, wie *C. collaris collaris*, *C. nebrius* oder *C. dickersonae* sollte zumindest die Breite der Becken auf 60 cm vergrößert werden. Für besonders großwüchsige Tiere, wie *C. vestigium* oder *C. reticulatus,* müssen die Maße entsprechend angepasst werden; Behälterlängen von 160 bis 220 cm und Breiten von 60 bis 100 cm sind hier anzustreben. In einem solchen Becken lassen sich dauerhaft Gruppen von einem Männchen und ein oder zwei Weibchen unterbringen, bei mehr Tieren wirken solche Becken deutlich übersetzt. Für die zwischenzeitliche Unterbringung von Einzeltieren, z. B. nach einer Eiablage, lassen sich durchaus die angegebenen Längenmaße halbieren.

Im »Gutachten über Mindestanforderungen an die Haltung von Reptilien« (Bundesministerium für Ernährung, Landwirtschaft und Forsten 1997) wird eine Terrariengröße gefordert, die sich aus der Multiplikation der Kopf-Rumpflänge (KRL) mit 6x4x4 (LxBxH) ergibt; somit beträgt die Mindestgröße eines Terrariums 60x40x40 cm für ein Paar *Crotaphytus* mit einer KRL von 10 cm. Nach meiner Erfahrung sind diese Maße jedoch deutlich zu klein gewählt.

Wählt man Terrarienhöhen über 60–80 cm, erweist es sich oft als fast unmöglich, die tagsüber im gesamten Becken erforderlichen hohen Lufttemperaturen auch in Bodennähe zu erhalten. In solchen Becken sammelt sich die Wärme in den oberen Bereichen, während oftmals nur kleine, direkt bestrahlte und mit zusätzlichen Heizungen unterstützte Bodenflächen die nötige Oberflächen-

Abb. 47. Pärchen von *C. collaris.* Foto: F. Riedel

temperatur besitzen. Die Halsband-leguane verharren in solchen Terrarien oftmals in ihren kühleren Verstecken, stellen die Nahrungsaufnahme ein und kümmern.

Eine besonders große Höhe der Becken ist auch deshalb nicht wünschenswert, da die von Anfang an nicht sehr scheuen Tiere gerne die Rückwände erklimmen und aus einiger Höhe versuchen, auch entfernt stehende Betrachter oder Gegenstände mit riesigen Sätzen anzuspringen.

Bei solchen Versuchen können sich die Tiere Kopfverletzungen zuziehen. Weisen die Becken jedoch eine geringere Höhe auf, so nutzen die Tiere den bequemeren Weg über den Bodengrund, um entfernte Gegenstände zu erreichen und werden durch die Terrarien-begrenzung sanft gestoppt.

Für die Aufstellung der Terrarien eignen sich besonders höhere Plätze im Raum. Werden den Tieren im Bereich der Frontscheibe ein oder mehrere erhöhte Aussichtspunkte geboten, so nutzen sie diese, um einen freien Blick in das sie umgebende Zimmer zu bekommen. Dies kommt ihrem Verlangen entgegen, auf hohen Aussichtspunkten zu verharren.

Abb. 48. Halsbandleguane (hier: *C. collaris collaris*) erklimmen gerne die Rückwand, die rauh beschaffen sein sollte. Foto: M. Dieckmann

Abb. 49. Einige erhöhte Aussichtsplätze müssen im Terrarium vorhanden sein (Männchen von *C. bicinctores*). Foto: R. Schumacher

Konstruktion:

Für die Ausführung der Terrarien haben sich Konstruktionen aus Spanplatten bewährt. Hierbei wird die Vorderfront mit in Nutprofilen (E–Profil) geführten Schiebescheiben aus Glas oder Acrylglas versehen.

Alle aus Holz gefertigten Seitenwände und auch der Boden werden mit einem festen steinartigen Überzug, z. B. Fliesenkleber, Gips, Zement oder Rustikalputz auf Kunststoffbasis, versehen. Möchte man eine möglichst natürliche und mit Vorsprüngen versehene optisch ansprechende Rückwand gestalten, ist auch ein Grundkörper aus Styropor oder Montageschaum (Polyurethanschaum) möglich. Der in die gewünschte Form gebrachte Grundkörper wird mit einem der vorgenannten Überzüge versiegelt und mit einer matten Acrylfarbe möglichst natürlich gestrichen. Aus diesen Werkstoffen lassen sich auch Aussichtspunkte im Bereich der Frontscheibe aufbauen. Weitere leichte Kunststeine, aus den für die modellierten Wände empfohlenen Materialien, werden in verschiedener Größe und Zahl in das Terrarium eingebracht.

Solche Becken besitzen eine natürliche Wärmedämmung und sind sehr gut durch Lampen aufheizbar. Eine Anordnung mehrerer solcher Becken übereinander ermöglicht nicht nur die Haltung mehrerer Gruppen von Tieren, sondern auch eine effektive Ausnutzung der sonst großen und ungenutzten Abwärme (SCHUMACHER 1998).

Abb. 50. Grundkonstruktion für zwei Terrarien.
Foto: R. Schumacher

Abb. 51. Fertig modellierte und versiegelte Terrarienrückwand. Die Vorsprünge nutzen die Tiere gerne als Aufenthaltsraum.
Foto: R. Schumacher

Abb. 52. Der Bodengrund sollte Mineralstoffe enthalten. Hier wurde eine dünne Schicht Taubengrit eingestreut (Männchen von *C. c. baileyi*).　　　Foto: R. Schumacher

Bodengrund:

Stellenweise kann ein Bodengrund aus feinerem Bruchstein eingebracht werden. Auf Sand oder Kies kann verzichtet werden. Ein dünner Belag aus Taubengrit, einer Mineralstoffmischung für die Taubenzucht (erhältlich z.B. in der Futtermittelhandlung für Geflügel), sollte lose eingestreut werden. Er wirkt natürlich und dient zur Selbstversorgung der Tiere mit Mineralien. Zur Eiablagezeit sind zusätzlich Schalen mit geeignetem Bodengrund einzustellen (s. Kapitel Eiablage S. 62).

Als Unterschlupf eignen sich mit mäßig feuchtem Bodengrund (z. B. Blumenerde-Sand Gemisch) nur halb aufgefüllte und von oben zugängliche Schlupfkästen.

Bepflanzung:

Zur Dekoration eignen sich je nach Art der gehaltenen Tiere, z. B. für *C. bicinctores* und *C. collaris,* einige entlaubte trockene Kleinbüsche ohne Wurzelwerk, große Exemplare der ansprechenden Agave *Agava victoria-regina* oder verknöcherte Zwergkiefern. Auch entnadelte Wacholderzweige wirken recht natürlich. Weiterhin können auch einige typische Blattopuntien (*Opuntia spp.*)

Abb. 53. Einige nicht zu schmale Äste dienen als Liegeplätze (*C. collaris,* Männchen).　　　Foto: F. Riedel

eingesetzt werden, man sollte jedoch auf deren Bestachelung achten. Arten mit weicher, fadenförmiger Bestachelung sind zu bevorzugen, andere Arten zum Wohle der Tiere wie auch des Pflegers zu meiden. Für die aus südlicheren Gebieten stammenden *C. nebrius, C.dickersonae* und *C. vestigium* können ebenfalls klein bleibende Agavenarten wie auch größere Exemplare verschiedener Kakteen, z. B. Ferokakteen, Echinokakteen oder kräftige Mamillarien, gewählt werden. Nicht stammbildende Yuccaarten eignen sich ebenso. Eine große Vielfalt ist dabei zu vermeiden, da diese unnatürlich wirkt. Auch hier dient trockenes Zweigwerk zur weiteren Dekoration.

Sicherlich sind noch einige geeignete Pflanzen für diesen Terrarientyp verwendbar, doch werden viele lebende Pflanzen bei einer unkontrollierten Fütterung mit Heuschrecken oder Grillen diesen oder der notwendigen extremen Tageshitze schnell zum Opfer fallen, weshalb ihre oft sehr teuere Anschaffung genau durchdacht sein sollte.

Eine Bepflanzung mit anderen, nicht standorttypischen Pflanzen ist natürlich auch möglich, doch handelt es sich hier um eine rein ästhetische und nicht um eine terraristische Frage.

Belüftungsgitter müssen vorhanden sein, aber relativ klein gewählt werden. Wegen der größtenteils niedrigen Luftfeuchtigkeit entsteht kaum Stickluft und die große Wärme sorgt auch bei kleinen Lüftungsschlitzen für raschen Luftaustausch.

Eine kleine **Wasserschale** darf nicht fehlen, sollte aber an einer kühleren Bodenstelle platziert werden (zum Trinken vgl. auch Empfehlungen auf S. 37).

Abb. 57. Bei ausreichender Helligkeit und Temperatur zeigen die Tiere ihre Prachtfärbung (*C. collaris baileyi*). Foto: R. Schumacher

Beleuchtung, Temperatur und Luftfeuchte

Beleuchtet werden kann mit möglichst vielen dicht nebeneinander angebrachten Leuchtstoffröhren, wobei auch "gängige" Lichtfarben wie "Warmton" und "Weiß de luxe", zusammen kombiniert, ihren Sinn erfüllen können (SCHUMACHER 1998). Bei höheren Becken empfehlen sich auf jeden Fall HQI-Strahler, die durch ihre hohe Farbtemperatur ein sehr natürliches Strahlungsspektrum aufweisen. Dies kommt dem Bedürfnis der Tiere nach einer intensiven Helligkeit und Strahlungswärme entgegen. Auch die Farben der Tiere wirken nur natürlich bei einer guten Ausleuchtung. Auf Infrarotstrahler sollte auf alle Fälle verzichtet werden, anzustreben ist das Erreichen der nötigen Haltungstemperaturen allein durch möglichst helle Lampen. Eine zusätzliche regelmäßige Bestrahlung mit einer **UV–Lampe**, z. B. Osram Ultra–Vitalux (zur Dosierung s. S. 69) ist anzuraten, doch bei entsprechender Nahrungsergänzung mit Vitamin D3 nicht zwingend notwendig.

Die Lampen und eventuell notwendige Bodenheizungen sollen in dem Terrarium innerhalb von 4 bis 5 Stunden eine Erwärmung der Luft (auch in Bodennähe) von Raumtemperatur (15 bis 22°C) bis zu Werten zwischen 35 und 38°C erbringen. Diese hohe Lufttemperatur ist im zeitigen Frühjahr (nach der Überwinterung) weitere 7 Stunden zu halten, was einer Tageslänge von 11 bis 12 Stunden entspricht. Nach Abschaltung der Beleuchtung kühlt das Terrarium relativ schnell wieder auf Raumtemperatur aus, was den natürlichen Anforderungen entspricht (vgl. Diagramme unten).

Innerhalb der folgenden 2 Monate werden die Tageslängen monatlich um je eine Stunde verlängert, auch wenn sich viele Tiere in den heißen Nachmittagsstunden zurückziehen sollten.

Abb. 58. Männchen von *C. bicinctores* im Terrarium.   Foto: F. Riedel

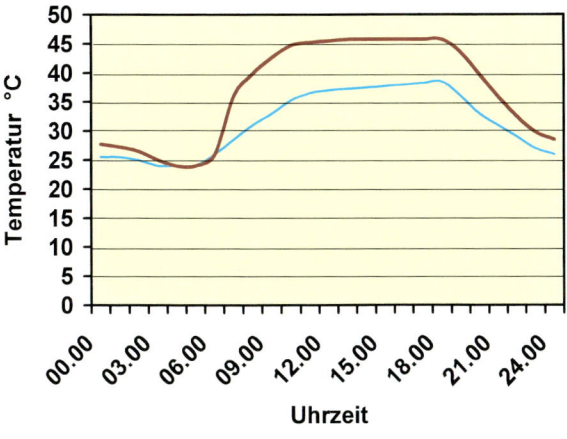

obere Kurve = Bodentemperatur (zentraler Bereich)

untere Kurve = Lufttemperatur (kühler Bereich)

Abb. 59. Optimaler Temperaturverlauf im Terrarium bei einer kontinuierlichen Beleuchtungsperiode von von 6 – 18 Uhr.

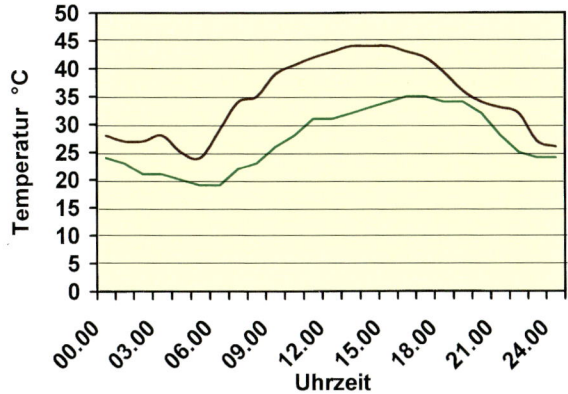

obere Kurve = Yuma, Arizona

untere Kurve = Jerome, Idaho

Abb. 60. Temperaturverläufe von einigen warmen Sommertagen (Juni 02) im Lebensraum von *C. bicinctores* (Beispiele).

45

Diese lange Aufrechterhaltung der Tagestemperatur dient der vollständigen Reifung der Gelege im Körper der Weibchen.

> Weiter sollten unabhängig von der hohen Lufttemperatur einige **Bodenplätze** Temperaturen zwischen 40 und 45°C aufweisen.

Die **Luftfeuchte** kann zwischen 20 und 45% schwanken. Sollte einmal übersprüht werden, so sind kurzzeitige Spitzen von 90% oder mehr durchaus tragbar, auch bei hohen Temperaturen. Auch können im Verlauf des Jahres (bis zu 3x in der jährlichen Aktivitätsperiode) ein bis zwei kühle Tage (Umgebungs- bzw. Raumtemperatur) eingefügt werden. Kombiniert mit starkem Wässern des Terrariums tut es den Tieren oftmals sichtlich gut. Oft erfolgt nach einer kurzen feuchten und kühlen

Periode eine gute Häutung fast aller Tiere. Offenbar können die Tiere so auch für eine bessere Nahrungsaufnahme stimuliert werden. Regelmäßiges Übersprühen in den Morgenstunden ist nicht notwendig, da auch in dem Verbreitungsgebiet der Tiere trotz relativ kühlen Nachttemperaturen nur äußerst selten der Taupunkt erreicht wird.

Ab dem Sommer, nach den sich bis in den Juni / Juli hinziehenden Eiablagen, fressen viele erwachsene Tiere nur noch kleine Mengen und ziehen sich zum Ende des August oftmals völlig zurück. Nun kann die Beleuchtungszeit recht rasch bis auf wenige Stunden zurückgefahren werden. Den Tieren sollten vermehrt kühle Stellen angeboten werden; zurückgezogene Tiere dürfen nicht gestört werden. Die Ruheplätze sollten leicht feucht gehalten werden, um einer Austrocknung der Tiere vorzubeugen. Selbstverständlich wird Futter und Wasser weiter regelmäßig geboten. Ab Spätherbst kann die Beleuchtung entfallen, die Tiere werden in die Winterruhe überführt (vgl. Kapitel "Überwinterung" ab S. 55). Pflanzen sollten zu ihrer Regenerierung bis zum nächsten Frühjahr aus dem Terrarium genommen werden.

Abb. 61. *Crotaphytus collaris* zeigt bei einem Sonnenbad seine Prachtfärbung. Foto: U. Dost

Abb. 62. Eine paarweise Haltung ist für Halsbandleguane zu empfehlen (hier *C. c. collaris*).
Foto: R. Schumacher

Abb. 63. Sichtbarrieren sorgen für weniger Stress im Terrarium *(C. c. baileyi)*.
Foto: R. Schumacher

Besatzdichte und Vergesellschaftung

Männchen der Halsbandleguane sind streng territorial, wobei in der Freiheit die Grenzen dieses Territoriums regelmäßig durch örtliche Bewegungen der Tiere zueinander verschoben werden. Es ist dabei nicht unbedingt ein bestimmter sich ändernder Bereich um einen festen Punkt als ein Territorium anzusehen, sondern eher ein gedachter Kreis um das Individuum, in dessen Umkreis jedes sich nähernde andere männliche Tier angedroht und wenn möglich vertrieben wird (FITCH 1956). In einem begrenzten Raum, wie z.B. einem Terrarium, sind solche Bewegungen der einzelnen Tiere zueinander nicht möglich, die Tiere können nicht gegenseitig ausweichen und andere für sie geeignete Plätze einnehmen.

47

Da die natürlichen Territoriumsgrenzen auf alle Fälle immer größer sind als ein räumlich beengtes Terrarium, ist es auch in geräumig erscheinenden Becken unnatürlich, zwei oder gar mehr Männchen zusammenzuhalten. McGuire (1996) berichtet von Tieren, die sich über eine Distanz von knapp 10 m kräftig androhen. Territoriale Verteidigung gibt es in der Natur auch zwischen weiblichen Halsbandleguanen, die besonders in Zeiten kurz vor und nach der Eiablage zu beobachten ist. Offenbar ist dieses Verhalten jedoch nicht als Verteidigung eines Ablageortes zu werten, sondern dient einzig zur Sicherung des eigenen Territoriums (Sloan & Baird 1999). Auch im Terrarium ist dieses Verhalten bei einigen weiblichen Tieren besonders vor und nach der Eiablage deutlich feststellbar (Schumacher 1998). Territorien

mehrerer Weibchen können innerhalb derer der Männchen liegen (Baird, Acree & Sloan 1996). Aus diesen Gründen sollten die Gruppen nicht zu groß gewählt werden und Besatzdichten von 1,2 Tieren sind bei den im Kapitel "Pflege im Terrarium" angegebenen Maßen als vertretbar anzusehen.

Bei der Terrarienhaltung konnte ich beobachten, dass längere Zeit allein gehaltene oder allein aufgewachsene Weibchen und Männchen deutlich aggressiveres Verhalten zeigten, als in einer Gruppe aufgewachsene Tiere. Sehen wir in einem Terraristikgeschäft eine größere Menge männlicher Tiere scheinbar friedlich "zusammenhocken", so liegt dies sicher an dem enormen psychischen Druck, der den Tieren nicht erlaubt, sich auf einen Kontrahenten allein zu konzentrieren. Auch wenn zwei männliche Tiere zusammen ein gemeinsames Becken bewohnen ohne sich zu bekämpfen, so sollte dies zu denken geben. PALMER & BRASWELL (1976) machen auf eine deutlich abnehmende Aggressivität, ja Teilnahmslosigkeit der Echsen unter künstlicher Beleuchtung aufmerksam. Besonders helle Leuchtkörper mit tageslichtähnlichem Spektrum oder eine natürliche Bestrahlung heben diese wieder auf, auch wenn in beiden Fällen den Tieren gleiche Temperaturen geboten werden und eine Kontrolle der Körpertemperatur gleiche Werte ergibt. Ein solches Verhalten sollte daher Anlass geben, die Terrarienbeleuchtung wesentlich zu verbessern, um den Tieren ein artgerechtes Verhalten zu ermöglichen. Die Tiere sind schnellstens zu trennen, da eine solche Tierhaltung unzureichend ist.

Von einer Vergesellschaftung der Halsbandleguane mit anderen Arten ist aus den verschiedensten Gründen abzuraten. Hauptsächlich jedoch, da Halsbandleguane als Echsenfresser bekannt sind. Auch im Verhältnis ähnlich große andere Echsen können angefallen und getötet werden (SCHUMACHER 1998).

Allenfalls größere streng nachtaktive Geckos, die bei Tag bewegungslos an der Terrariendecke oder anderen unzugänglichen Stellen verharren, lassen sich bedingt vergesellschaften. Dies

Abb. 65. Ein Weibchen von *Crotaphytus bicinctores* hat eine kleinere Echse ergriffen.
Foto: R. Schumacher

aber auch nur, wenn sichergestellt ist, dass sie ähnliche Haltungsbedingungen wie Halsbandleguane benötigen. Adulte *Tarentola angustimentalis* und *T. deserti* wurden schon längere Zeit ohne größere Probleme mit Halsbandleguanen vergesellschaftet (SCHUMACHER 1998).

Weiter ist eine Gemeinschaftshaltung mit Angehörigen der Gattung *Sauromalus* verschiedentlich versucht worden. Wenn es sich hierbei um große Schauterrarien handelt, wie es in verschiedenen Zoos üblich ist, so sind hiergegen sicher keine Einwände zu erbringen. Doch sollten Maße und Einrichtung eines solchen Gemeinschaftsbeckens beiden Tierarten gerecht werden. In einem solchen Fall sind Flächen ab zwei oder mehr Quadratmetern zu wählen.

Ernährung

Für die Ernährung von Halsbandleguanen steht ein breites Spektrum von
Futtertieren zur Verfügung (s. Tabelle),
welches eine hochwertige Versorgung
der Tiere garantiert (Schumacher
1998).

Der Fütterungsplan der Tiere richtet
sich nach der Jahreszeit. Die richtigen
Haltungstemperaturen vorausgesetzt,
startet man im Frühjahr nach der
Überwinterung mit leichtverdaulicher
und von den Tieren bevorzugter Nahrung wie z. B. Heimchen, Kurzflügelgrillen, Wachsmaden, die in den ersten
Tagen spärlich, in den folgenden drei
Wochen mit zwei- maximal dreitägigem

Abstand gefüttert werden sollten; andere Futtertierarten werden ergänzend
zugefüttert.

Einen Monat nach der Winterruhe
beginnt die Zeit der Paarungen. Die
Weibchen haben schon an Leibes-
umfang zugenommen. Nun sollte auf
tägliche Fütterung umgestellt werden.
Es können jetzt auch Futtersorten
geboten werden die nicht zu den bevorzugten gehören. Bei fortschreitender
Trächtigkeit der Weibchen sollte täglich, wenn möglich mehrmals täglich
mit wechselnden Sorten gefüttert werden. Es sollten immer einige wenige
Futtertiere im Terrarium vorhanden
sein. Vor den Eiablagen wird von den
Weibchen nur wenig Nahrung aufgenommen, daher brauchen nur wenige
Futtertiere eingebracht werden; dies
richtet sich nach dem Verlangen der
Tiere.

Nach den Eiablagen kann wieder nor-
mal gefüttert werden. Nach meist zwei,
seltener drei oder vier Ablagen reifen
keine Eier mehr heran. Dies erkennt
man an den schnell abklingenden roten
Zeichnungselementen der Weibchen.
Nun sollte nur noch mäßig Futter geboten werden, bis sich die Tiere von der
anstrengenden Fortpflanzungszeit er-
holt haben. Männliche Tiere fressen nur
noch selten und nur geringe Mengen.

Folgende Futtertiere sollten bei der Ernährung von Halsbandleguanen im Terrarium Beachtung finden:

Futtertier	Stadium		Akzeptanz		Halsbandleguane	
	Larve	Imago	bevorzugt	ungern	juvenile	adulte
Große Wachsmotte (*Galleria mellonella*)	🟠	🟠	🟢		🟠	🟠
Kleine Wachsmotte (*Achroea grisella*)	🟠	🟠	🟢		🟠	
Wüstenheuschrecke (*Schistocerca gregaria*)			🟢		🟠	🟠
Wanderheuschrecke (*Locusta migratoria*)			🟢		🟠	🟠
Kurzflügelgrille (*Gryllodes sigillatus*)			🟢		🟠	🟠
Heimchen (*Achaeta domestica*)			🟢		🟠	🟠
Steppengrille (*Gryllus assimilis*)			🟢			🟠
Zweifleckgrille (*Gryllus bimaculatus*)					🟠	🟠
Ofenfischchen (*Thermobia domestica*)			🟢		🟠	
Stubenfliegen u.a. (*Musca domestica* u.a.)		🟠	🟢		🟠	🟠
Rosenkäfer (*Cetonia aurata*)	🟠					🟠
Schwarzkäfer (*Zophobas morio*)	🟠					🟠
Mehlkäfer (*Tenebrio molitor*)		🟠				🟠
Getreideschimmelkäfer (*Alphitobius laevigatus*)	🟠		🟢		🟠	🟠
Riesenschabe (*Blaptica dubia*)				🟠	🟠	🟠
Grüne Schabe (*Panchlora nivea*)			🟢		🟠	🟠
Kellerassel (*Porcellio scaber*)			🟢		🟠	
Mauerassel (*Oniscus asellus*)			🟢		🟠	
Mäuse "Pinkis"				🟠		🟠
Mäuse "Springer"				🟠		🟠

51

Bis zum Herbst sollte mäßig Futter angeboten werden, insbesondere wenn nur wenig angenommen wird. Meist reicht ein Drittel der Nahrungsmenge des Frühjahrs bei zweimaliger Fütterung in der Woche. Die angebotene Nahrungsmenge sollte sich nach dem Verlangen der Tiere richten. Bei Tieren, die schon im Spätsommer keine Nahrung mehr aufnehmen, ist von einem natürlichen Vorgang auszugehen. Sie sollten kühlere Rückzugsmöglichkeiten geboten bekommen (SCHUMACHER 1998). Magern diese ab, sollte schnellstmöglich an die Einleitung einer Winterruhe gedacht werden.

Futterverweigerung bei (auch eingewöhnten) Wildfängen in den Frühjahrsmonaten hängt offenbar oftmals mit dem von der gewohnten natürlichen Nahrung abweichenden Futterangebot zusammen. Hellere sich schnell bewegende Futtertiere (z. B. Heimchen statt Zweifleckgrillen) werden von den Halsbandleguanen meist bevorzugt (vgl. auch S. 37, Kapitel "Eingewöhnung").

Es empfiehlt sich, zu allen Jahreszeiten die Futtertiere regelmäßig mit einem neben Kalzium auch Vitamine und Spurenelemente enthaltenden Knochenaufbaupräparat (z. B. Vitakalk) einzustäuben. Von anderen Autoren werden oftmals die Präparate Korvimin ZVT und Nekton MSA empfohlen.

KÖHLER (1999) empfiehlt weiter, gekaufte Futtertiere wie Schaben, Grillen und Heimchen vor der Verfütterung an die Tiere mit einem aufgewertetem Futterbrei zwei Tage lang zu füttern, um deren Nährwert deutlich zu verbessern. Er weist auf ungünstige Verhältnisse bei den für die Knochenbildung wichtigen Stoffen Kalzium und Phosphor hin. Dazu mischt er 10 Gewichtsanteile Mäuse- oder Geflügelpellets mit je 1 Gewichtsanteil Multi-Mulsin und Korvimin ZVT. Nach zwei Tagen hat sich der Nährwert der Futterinsekten deutlich verbessert.

Benutzt man als **Bodengrund** locker eingestreuten Grit, wie er für die Taubenzucht eingesetzt wird, so ist eine Grundversorgung der Tiere auf jeden Fall garantiert. Je nach Fabrikat bestehen die Gritsorten aus zermahlenen Muschelschalen, Korallenkalk, Rotstein, Holzkohle und anderen Beimischungen. Viele wichtige Spurenelemente sind vorhanden. Der Grit wird im Allgemeinen von Alt- und Jungtieren gern gezielt und regelmäßig aufgenommen. Da im Kot der Tiere kaum wieder ausgeschiedene Kalksteine gefunden werden können, ist auf eine gute körperliche Verwertung dieser als Nahrungsergänzung zu betrachtenden Einstreu zu schließen.

In regelmäßigen Abständen sollten zusätzlich Vitaminpräparate verabreicht werden. Zu beachten ist, dass einige Vitamine überdosiert zu Folgeschäden führen können. Dies gilt besonders für die Vitamine A und D, daher sind bestimmte Grenzen zu beachten.

Ich benutze regelmäßig bei der Pflege und Aufzucht der Halsbandleguane die als wasserlösliche, tropfbare Vitaminpräparate vorliegenden A-E–Mulsin, D–Mulsin und Multi–Mulsin der

52

Firma Mucos Pharma. Ein ebenfalls gut erhältliches Vitamin D Präparat ist Vigantol-Oel von der Firma Merck.

Abb. 67. Jungtiere benötigen für ein gesundes Wachstum viele Mineralstoffe, vgl. auch S. 70 (hier: *C. collaris baileyi*).   Foto: R. Schumacher

Dosierung der Vitamine:

KÖHLER (1999) empfielt eine Höchstdosis von 50-100 I.E. Vitamin D3 / kg KM pro Woche. Andere Autoren geben teils deutlich höhere Dosierungen (z.T. bis zum 30-fachen) an.

Da es sicher vielen Lesern nicht leicht fallen wird, einer zwischen 20 und 40 Gramm schweren Echse wöchentlich eine annähernd genau dosierte mittlere Menge von zirka 2,25 I.E. Vitamin D3 zu reichen (entspricht z. B. zirka 1/100 Tropfen D–Mulsin), kann auch folgende Methode empfohlen werden:

Ein- bis zweimal pro Monat wird in einen sauberen Kunststoffbehälter 1 Tropfen D–Mulsin unter ungefähr 30 große Wachsmaden gemischt. Nachdem die Futtertiere mit der Flüssigkeit behaftet sind, können sie an eine Gruppe von 15 bis 30 Tieren verfüttert werden.

53

Zucht

Gerade in den letzten Jahrzenten konnten von einigen wenigen Haltern hervorragende Nachzuchtergebnisse mit einer teils sehr hohen Anzahl von Jungtieren erzielt werden. In den Jahren zuvor waren es hauptsächlich Forscher, die einzelne, meist trächtig der Natur entnommene Weibchen zu Forschungszwecken im Labor hielten, um unter anderem die Eientwicklung zu studieren (MONTANUCCI 1971 bei *Crotaphytus reticulatus*, SMITH 1983 und MCALLISTER 1984 bei *Crotaphytus collaris*). Heute mehren sich Berichte von Privatpersonen, in denen die Nachzucht in Menschenobhut geschildert wird (RIEDEL 1993, WELLS 1997, SCHUMACHER 1998, JONES 1998, PATTERSON & LEMOS-ESPINAL 2000). Einige dieser Berichte beschäftigen sich jedoch mit der Zucht ausgefallener Farbschläge, die teils als Produkte von Artkreuzungen entstanden sind (JONES 1998).

Aus diesem Grund und der heute noch unter Hobbyhaltern weit verbreiteten Unkenntnis über die einzelnen Arten und geographischen Varianten ist es dringend geboten, die wenigen vorhandenen reinrassigen Linien als solche zu sichern. Beim Kauf von Fremdtieren, die einer Nachzucht entstammen, sollte daher bei Eingliederung in eine bestehende Gruppe unbedingt darauf geachtet werden, keine Nachkommen von Angehörigen verschiedener Arten oder

Abb. 68. Halsbandleguane (*C. collaris*) aus einer erfolgreichen Nachzucht.   Foto: F. Riedel

Abb. 69. Nachzuchttiere von *C. collaris fuscus*. Die Jungtierfärbung beginnt bereits sich aufzulösen. Foto: F. Riedel

sammenstellen, die zwar einem Stamm angehören, aber nicht zu nah miteinander verwandt sind. Die folgenden Angaben beziehen sich vorwiegend auf eigene Terrarienbeobachtungen, unter Berücksichtigung und in Abgleich mit Freilandbeobachtungen von FITCH (1956). Sie betreffen Tiere der Art *Crotaphytus collaris*. Im Paarungsverhalten sowie bei Eizahlen und Schlupfdaten anderer Halsbandleguanarten kann es zu Abweichungen kommen. Beachten Sie dazu auch die Angaben im Artenteil.

Die **Geschlechtsreife** erreichen die Weibchen bereits nach der ersten Winterruhe im Alter von 8-9 Monaten. Männliche Tiere werden etwas später, mit einem Jahr geschlechtsreif.

unterschiedlicher geographischer Varianten zu erwerben und damit den eigenen Stamm zu verfälschen.

Bei Abgabe von Hybriden, die für den Hobbyterrarianer sicher den gleichen ästhetischen Wert besitzen wie ein reinrassiges Tier, sollte unbedingt darauf aufmerksam gemacht werden, dass es sich um Nachkommen von Kreuzungen handelt. Weiterhin sollte frühzeitig darauf geachtet werden, durch das Zurückhalten von eigenen, möglichst blutsfremden Nachzuchten, eine breite Zuchtbasis aufzubauen. Dies kann späteren Inzuchtproblemen vorbeugen. Mit Haltern gleicher Zuchtlinien sollte soweit möglich ein regelmäßiger Austausch von Nachzuchten stattfinden. So lassen sich auch für eine Abgabe an Dritte immer wieder Zuchtpaare zu-

Überwinterung

Um Halsbandleguane im Frühjahr regelmäßig zur Paarung zu bringen und ihren natürlichen Bedürfnissen nach Ruhezeiten zu entsprechen, ist es nötig die Tiere artgerecht zu überwintern. Alle erwachsenen Tiere benötigen nach der bei mittleren Temperaturen durchgeführten spätsommerlichen Ruheperiode auch eine direkt anschließende kalte Winterruhe. Aufgrund dieser natürlichen Ruheperiode, die von erwachsenen Tieren in der Natur zum Monatswechsel August/September begonnen wird, ist auch im Terrarium ab dem Hochsommer mit dem vermehrten Verbleib der Echsen in ihren Verstecken zu rechnen. Die Tiere stellen oftmals die Nahrungsaufnahme ganz oder teil-

55

Für Arten aus:

Zone A: 16 Stunden im Sommer
                13 Stunden im Frühjahr

Zone B: 14 Stunden im Sommer
                12 Stunden im Frühjahr

Abb. 70. Die Beleuchtungsdauer pro Tag sollte im Terrarium je nach Jahreszeit variieren. Während der Überwinterung wird nicht beleuchtet

Abb. 71. Vor der Überwinterung werden die Tiere in handwarmes Wasser gesetzt, damit sie trinken können.   Foto: R. Schumacher

weise ein. Nur wenn dies geschieht, sollte die Temperatur im Terrarium auf 15–20°C (Raumtemperatur) gesenkt werden, und die Tiere dürfen aus ihren Rückzugsräumen nicht gewaltsam entfernt werden.

Wir versuchen, den völligen Rückzug der Tiere bis in den Oktober / November hinauszuzögern, indem wir immer wieder so viel Futter einbringen, wie von den Tieren gefressen wird. Die Tageslänge sollte der Herkunft (geographische Breite) der Echsen und der Jahreszeit entsprechen. Die Tiere sollten unmittelbar vor der Überwinterung keine Nahrung mehr zu sich nehmen.

Haben sie noch kurze Zeit vor der einzuleitenden Überwinterung Nahrung aufgenommen, so benötigen sie noch Zeit, um letzte Nahrungsreste zu verdauen und auszuscheiden. Solche Tiere werden noch einige wenige Tage ohne Fütterung warm gehalten, damit sie den Verdauungstrakt weitgehend entleeren können.

Vor der Überwinterung werden alle Tiere gebadet. So ermöglichen wir ihnen noch eine intensive Wasseraufnahme. Am besten setzt man die Echsen eine viertel bis halbe Stunde in handwarmes Wasser (z.B. Badewanne). Der Wasserstand ist so zu bemessen, dass alle Tiere bequem den Kopf über Wasser halten können. Die Tiere werden nicht bespritzt, damit sie nicht in Panik geraten. Meist beruhigen sich die Echsen relativ schnell und beginnen lang anhaltend zu trinken. Nach dem Baden werden die Tiere wieder solange ins Terrarium gesetzt, bis sie trocken sind, bevor sie für die Überwinterung vorbereitet werden. Eine Winterruhe von 2 1/2 bis 3 1/2 Monaten Dauer bei 5 bis 13°C in einem kühlen Kellerraum oder dafür präparierten Kühlschrank schließt sich an. Tiere mit südlicherem Verbreitungsgebiet, wie *Crotaphytus vestigium* oder *C. dickersonae,* werden nur 1 1/2 bis maximal 2 Monate überwintert (WELLS pers. Mittlg.), obwohl auch sie in der Natur einer wesentlich längeren Pause unterworfen sind.

Es muss beachtet werden, dass einige Kühlschränke größere Temperaturgefälle aufweisen. Weiter hinten an den Kühlschlangen untergebrachte Tiere könnten erfrieren, weshalb genauere Messungen mit einem Minimum-Maximum-Thermometer schon im Vorfeld durchgeführt werden müssen. Es empfiehlt sich, die Temperatur auf ca. 7°C zu regeln.

Die Tiere werden zweckmäßigerweise einzeln in kleinen, perforierten Dosen (z. B. Grillendosen) mit etwas Zellstoff oder Zeitungspapierschnitzeln untergebracht. Weiteres Substrat ist nicht sinnvoll. Behälter dieser Größe reichen im Normalfall auch für große *Crotaphytus collaris* aus. Bei größeren Arten ist die Unterbringungsart entsprechend zu modifizieren. Der Zellstoff kann feucht sein; dann sollte aber eine entsprechen-

de Durchlüftung des Aufbewahrungsortes gewährleistet sein. Stoffbeutel als Aufbewahrungsort haben sich nicht bewährt. Diese liegen, wenn sie feucht sind, zu fest auf der Haut der Tiere auf, die dadurch keinen Freiraum für Bewegungen haben.

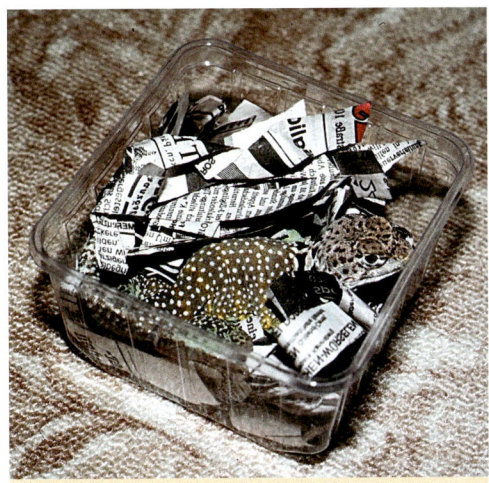

Abb. 72. In relativ kleinen Kunststoffboxen werden die Tiere kühl überwintert. In der Natur überdauern sie diese Zeit in faustgroßen Hohlräumen unter Steinen.   Foto: R. Schumacher

Abb. 73. Jungtier von *Crotaphytus nebrius* mit typisch eingerolltem Schwanz in Ruhestellung.
Foto: W. Wells

Werden die Tiere in ihren Überwinterungsboxen angesprüht oder steigt die Temperatur, stellen sich die Tiere für einige Zeit mit durchgedrücktem Rücken auf allen vier Beinen auf. Dies kann als instinktive vorbeugende Reaktion auf möglicherweise in den Überwinterungsraum eintretendes Schmelzwasser oder Regenwasser bei zunehmenden Temperaturen im Freilandlebensraum gedeutet werden. Bei gleichbleibender Temperatur und Feuchtigkeit liegen die Tiere auf dem Grund der Box.

Es ist möglich, die Tiere zum Zweck der Kontrolle zwischenzeitlich ohne Schaden 2 bis 3 Tage in einen bis 25°C warmen Wohnraum zu verbringen, um deren Bewegungen und die Kondition zu kontrollieren, den Zellstoff zu wechseln oder durch Sprühen eine weiter Wasseraufnahme zu ermöglichen. Dann kann mit der normalen Überwinterung fortgefahren werden (SCHUMACHER 1998).

RIEDEL (1993) überwinterte seine Tiere in einem kühlen Raum bei Temperaturen zwischen 7 und 14°C in einem Torf–Sand–Gemisch. Das Verhältnis betrug 2:1. Auf das Substrat waren Kalksteinplatten aufgelegt, unter die sich die Tiere zurückzogen. Mit diesem Verfahren hatte er gute Erfahrungen sammeln können und züchtet regelmäßig.

Nur bei echten Erkrankungen ist zu überprüfen, ob von einer Ruhezeit mit anschließender Überwinterung Abstand genommen werden muss. Hierfür ist die weitere Bereitschaft, Nahrung aufzunehmen, wie auch die Art der Erkrankung ausschlaggebend.

Abb. 74. Männchen von *Crotaphytus collaris baileyi* . Foto: R.D. Bartlett

Balz und Paarung

Zwei bis drei Wochen nach der Überwinterung sind die ersten Paarungsaktivitäten zu beobachten. Das
Männchen zeigt sich der Partnerin auf
ähnlich drohende Weise, wie es einem
anderen Männchen gegenüber erfolgt.
Sind die Weibchen paarungsbereit, flachen sie sich bei Annäherung des
Männchen ab und biegen den Rücken
konkav (nach unten) durch. Die
Schwanzwurzel wird nach oben gehalten und die Kehle so stark aufgebläht,
dass die Mundwinkel dadurch teilweise
geöffnet sind. Gleichzeitig wird der
Körper mit abgespreizten Beinen angehoben. Mit schnellen und kurzen
Nickbewegungen nähert sich das
Männchen, während der Körper nicht
angehoben wird wie bei einem Angriff,
sondern mit den Hinterbeinen auf dem
Boden schleift. Meist folgen einige
kurze Liegestützen, bevor sich das
Männchen bei dem meist unsicher
umher stelzenden Weibchen nieder-
lässt. Oftmals ist ein seitliches ruckarti-
ges Schaukeln des Kopfes bei den
Weibchen zu beobachten.

Oft kann man beobachten, dass das
Männchen seinen Liegeplatz oder auch
das Weibchen in S-förmigen Schleifen
überkriecht, die Hinterbeine eng über
den Boden schleifend. Dies scheint dem
Zweck der Reviermarkierung zu dienen
und erfolgt mit den zu dieser Zeit stark
vergrößerten Femoralporen, aus denen
ein stäbchenartig herauswachsendes,

Abb. 75. Zwei paarungsbereite Weibchen zeigen einem sich nähernden Männchen (unter
der Korkrinde) ihre Paarungsbereitschaft durch
den durchgebogenen Rücken an (hier:
C. collaris).   Foto: F. Riedel

Abb. 76. Das Männchen setzt den Nackenbiß
zur Einleitung der Paarung (*C. dickersonae*).
                                   Foto: W. Wells

Abb. 77. Paarung bei *Crotaphytus
dickersonae*.   Foto: W. Wells

wachsförmiges Sekret abgesondert wird. Auch Abgaben von weißem Urin (Harnsäure) auf dem Weibchen sind häufig zu beobachten. Bald darauf sind Paarungen zu beobachten, bei denen sich das Männchen im Nackenbereich des Weibchens festbeißt, seinen Unterkörper unter den des Weibchens schiebt und die Kopula vollzieht. Die Paarungen dauern meist nicht länger als 5 bis 15 Sekunden. Solche Paarungen finden über einen mehrtägigen Zeitraum mehrmals pro Tag statt. Männchen und Weibchen leben während dieser Zeit oftmals relativ eng beieinander.

Trächtigkeit

Sehr wichtig ist gerade in dieser Zeit und den kommenden Wochen eine gute Versorgung der Tiere mit hochwertigem Futter, Mineralien und Vitaminen.

Nur wenige Tage nach den Paarungen erscheinen bei den Weibchen orangerote Flecken und Streifen, die in Querreihen hauptsächlich über den vorderen Bereich des Körpers und um das Halsband angeordnet sind. Das Interesse des Männchens erlahmt in dieser Zeit gegenüber der Partnerin.

Abb. 78. Trächtiges Weibchen von *C. collaris collaris* mit typischer orangeroter Fleckenzeichnung. Foto: R. Schumacher

Die Tiere trinken nun auch regelmäßig, doch ist es von Vorteil, sie auf das Wasser aufmerksam zu machen, indem man neues Wasser auffällig in die Trinkschale einlaufen lässt.

Abb. 79. Um eine Paarung abzuwehren formt das Weibchen einen Buckel und hüpft mit hochgedrücktem Körper vor dem Männchen auf und ab. (hier: *C. collaris*).   Foto: F. Riedel

Daraufhin lässt das Interesse des Männchens gegenüber dem vertrauten Partner meist nach. Handelt es sich um ein fremdes Männchen und unterliegt das Weibchen in seinen Abwehr-bemühungen, versucht das Weibchen, sich auf den Rücken zu drehen. Doch hilft meist nur die eilige Flucht. Besonders fremde Männchen versu-chen, sich blitzartig auf ein Weibchen zu stürzen und zu paaren. Besondere Beachtung verdienen dabei längere Zeit allein gehaltene Männchen, die bei einem solchen Überfall dem Weibchen durch feste Bisse in den Körper schwe-re Verletzungen beibringen können.

Werden Weibchen, die kurz vor einer Eiablage stehen, von einem Männchen allzu stark zu Paarungsaktivitäten gedrängt, strecken diese sich auf allen vier Beinen aufrecht hoch, formen mit dem Rücken einen Buckel (s. Abb. 79), blähen sich auf und hüpfen so auf das Männchen zu. In dieser Form verhar-rend, knicken sie mit den Vorderbeinen ein und führen einige sehr langsame Liegestützen aus, immer den Vorder-körper in Richtung des Kopfes des Männchens drehend. Oft versuchen sie, den Kopf des Männchen herunter zu drücken, womit sie der Möglichkeit eines Paarungsbisses entgehen wollen.

Abb. 80. Hochträchtiges Weibchen im natür-lichen Lebensraum. Die Eier zeichnen sich deutlich ab.(*C. collaris baileyi*, "*auriceps*"-Variante, Rabbit Valley, Colorado).
                    Foto: R. Schumacher

Etwa ein bis zwei Wochen vor der Eiablage zeichnen sich die Eier deutlich im hinteren Körperbereich ab (s. Abb. 80). Der Hinterleib der Weibchen ist dann aufs Äußerste gespannt.

Eiablage

Je nach Haltungstemperatur kommt es etwa zwischen 16 und 19 Tagen nach den ersten Paarungen und 10 bis 13 Tagen nach der Ausbildung der roten Trächtigkeitszeichnung zu der ersten Eiablage (FITCH 1956). Der Zeitrahmen ist abhängig von den gebotenen Temperaturen im Terrarium und bei entsprechender Haltung weitgehend identisch mit dem frei lebender Tiere. Alle gleich gehaltenen Weibchen legen in einem relativ kurzen Zeitfenster ab, weshalb dafür zu sorgen ist, dass sich die Weibchen durch gleichzeitige Grabtätigkeit nicht stören können.

Abb. 81. Unter einem flachen Stein oder einer Tonscherbe bietet sich die Gelegenheit, einen Gang in das Erdreich für die Eiablage zu beginnen. Die Weibchen sind häufig mehrere Tage unter der Erde und es ist nur ein regelmäßiges Scharren zu hören (hier: *C. collaris*). Foto: R. Schumacher

In der Zeit vor einer Eiablage und auch einige Tage danach sind manche Weibchen untereinander sehr aggressiv. Notfalls müssen die Weibchen daher zeitweise getrennt werden.

Oft stellen sie einige Tage vor der Eiablage die Futteraufnahme etwas zurück oder ganz ein. Für eine gezielte Eiablage werden in die Terrarien Kunststoffschalen oder flache Kästen eingestellt. Diese werden mit festem Erdreich, wenig Sand und auch Gestein gefüllt. Es haben sich im Blumenhandel erhältliche Kunststoffschalen von "Aussaat-Gewächshäusern" mit den Maßen 60 x 40 x 8 cm bewährt. Diese

sollen den Tieren möglichst lange vor dem errechneten Ablagetermin zur Verfügung gestellt werden und bleiben in der Fortpflanzungszeit als Teil der ständigen Einrichtung erhalten.

Die Temperatur im Erdreich sollte tagsüber zwischen 35 und 30°C aufweisen, das Substrat leicht feucht und grabfähig sein. Einige aufliegende Steine oder eine unten offene aufgelegte Röhre dient als Einstieg in das Erdreich. Die Schalen können mit Pflanzen besetzt sein, unter deren Wurzelwerk bevorzugt die Eier abgelegt werden (SCHUMACHER 1998).

Bevor es zu der endgültigen Eiablage kommt, unternimmt das Weibchen oftmals schon einige Tage vorher verschiedene Probegrabungen. Dabei werden offenbar ausreichend feuchte und temperierte Bereiche erkundet.

Während der Zeit der Probegrabungen ist regelmäßig darauf zu achten, dass das Erdreich im Ablagebehälter nicht austrocknet, was wegen den hohen Terrarientemperaturen recht schnell passiert. Weiter dürfen die Tiere nicht die Ablagebehälter durch ihre Grabtätigkeit leeren, was meist bei zu trockenem Substrat vorkommt.

Kleinere Schalen oder extrem hohe Behälter werden oft nicht akzeptiert. Zur Eiablage gräbt das Weibchen meist längere Gänge, an dessen Ende es einen kleinen Hohlraum zur Eiablage schafft. Der Eingang des Gangs ist während dieser Zeit von innen sorgsam verschlossen. Manchmal kommt das Tier nach außen, um sich kurzfristig zu erholen. Oft verlässt es die gegrabene Röhre mehrere Tage nicht und erscheint erst nach der Eiablage. Der Gang wird nach dem Absetzen der Eier von dem Tier wieder sorgfältig mit Erde aufgefüllt. Der am Ende des Gangs befindliche Hohlraum mit dem Gelege bleibt dabei meist frei. Teils sind die Weibchen noch zwei Tage nach den Ablagen damit beschäftigt, die Oberfläche des Erdreichs umzugestalten bzw. einzuebnen. Diese Tätigkeit bezieht sich auch auf andere, der Ablagestelle benachbarte Bereiche. Ist der Boden zu trocken und stürzt beim Graben zusammen, werden die Eier oft nur unter Einrichtungsgegenstände geschoben und verderben. Das gleiche kann erfolgen, wenn im geplanten Ablagebereich nicht die gewünschten Temperaturen vorherrschen.

Wenn eine Ablageschale aus ästhetischen Gründen nicht gewählt werden sollte, ist für die Eiablage eine 5–8 cm hohe Bodenfüllung im ganzen Terrarium erforderlich. Da die Echsen jedoch bei der Ablage sehr lange und verwinkelte Gänge graben, ist ein sicheres Auffinden des Geleges bei dieser Verfahrensweise sehr fraglich.

Abb. 82. Lockere Erde wird nach außen geschoben, bis das Tier einen Hohlraum geschaffen hat.   Foto: R. Schumacher

Selten umfasst ein Gelege mehr als 10 Eier. Auch junge, knapp einjährige Weibchen produzieren oftmals ein Gelege mit meist geringer Eizahl. FITCH (1956) bemerkt, dass sich auch in der Freiheit ein Großteil der erst einjährigen Weibchen schon fortpflanzt.

Je nach Alter, Art oder Unterart kommt es während einer Saison zu einer zweiten Ablage, oft noch zu einer dritten. Bis zu 6 Ablagen in einer Saison konnten bei *Crotaphytus collaris* von WELLS (pers. Mittlg.) beobachtet werden. Der Abstand zwischen zwei Gelegen beträgt bei den Tieren oftmals nur knapp einen Monat.

Abb. 84. In der Eiablageschale ist das Gelege oft nur schwer zu finden, denn der Gang ist meist nicht mehr auffindbar. Mit einem Pinsel wird das Substrat vorsichtig von den Eiern entfernt, die meist in einem flachen Hohlraum liegen. Foto: R. Schumacher

Abb. 83. Den Weibchen müssen unbedingt optimale Eiablagemöglichkeiten geboten werden, ansonsten halten die Tiere die Eier zurück und es kommt zu einer Legenot, die fast immer tödlich endet (hier: an einer Legenot verendetes Weibchen von *C. vestigium*). Foto: R. Schumacher

Inkubation

Die Ablageschale wird aus dem Terrarium entfernt und das Gelege mit einem geeigneten Instrument (z. B. Pinsel, Löffel) zweckmäßiger Weise von der Seite her freigelegt.

Bei verschiedenen Unterarten von *Crotaphytus collaris* konnten Eimaße zwischen (Mittelwerte) 10,8 x 21,0 mm und 13,5 x 23,1 mm bei der Ablage festgestellt werden (SCHUMACHER 1998). Die Gelege bei RIEDEL (1993) wiesen ähnliche Werte auf. Die mittleren Eimaße eines in Texas gefangenen Weibchens wiesen wie die eines Weibchens aus Missouri 11,0 x 19,0 mm auf (SMITH

1983). Dies weist auf eine bessere Versorgung mit Nahrung von in menschlicher Obhut gehaltenen Tieren hin.

Die Eier werden vorsichtig und ohne sie zu drehen geborgen und in schwach feuchtem, auf keinen Fall nassem, Vermiculite eingebettet. Es empfiehlt sich, die Eier komplett mit dem Zeitigungssubstrat abzudecken. Als günstig erwies sich, das Vermiculite in Grillendosen bis zu 4/5 der Gesamthöhe einzufüllen und die Eier auf mittlerer Höhe einzubetten. Die Dosen werden mit den zugehörigen Deckeln verschlossen. Solche Behälter sind gut geeignet, auch größere Gelege bis zu 10 Eiern aufzunehmen.

Auf einem aufliegenden Zettel werden Art, Elterntiere, Gelegenummer, Eizahl, Ablage- und voraussichtlicher Schlupftermin eingetragen. Dieser sollte zweckmäßigerweise mit einem Klebeband befestigt werden.

Bei 2 bis 3 Kontrollen während der Zeitigung werden die Eier mit einem feinen Pinsel nur kurz freigelegt. Eventuell verdorbene Eier werden mit einer Pinzette entfernt.

Eine Kontrolle der Substratfeuchte sollte mit den Fingern erfolgen, geeignetes Substrat ist locker, klebt nicht und fühlt sich beim Zerreiben zwischen den Fingern leicht feucht an. Bei zu geringer Feuchtigkeit empfiehlt es sich, mit einer Spritze 1 bis 3 cl Wasser von der Seite her in das Substrat unter den Eiern einzuspritzen. Eine Kontrolle sollte einen Tag später nochmals erfolgen. Eine die Behälter umgebende Luftfeuchtigkeit von annähernd 100% verhindert ein Austrocknen des Substrats.

Die Eier sind normalerweise oval und weiß. Schlecht beschalte oder unbefruchtete Eier sind oft stark mit Substrat behaftet, kleben oder sind extrem weich; sie trocknen während der ersten Tage ein. Unbefruchtete Eier sollten nicht in den Brutbehälter gelegt werden, doch schlüpfen auch aus schlecht beschalten Eiern oftmals noch gesunde Jungtiere.

Eine Verpilzung der Eier ist bei gesunden Gelegen normalerweise nicht gegeben. Sollte dies doch einmal passieren, sollte unbedingt die Substratfeuchte kontrolliert werden, solche Eier sind zu entfernen.

Die Eier nehmen während der Zeitigung je nach Substrat eine schwachgelbe bis hellbraune Färbung an. Manchmal bilden sich hauptsächlich bei relativ feuchtem Substrat braune Stellen. Bei richtiger Feuchtigkeit bleiben die Eier meist weiß. Da die Eier im Verlauf ihrer Reifung Wasser aus ihrer Umgebung aufnehmen, wachsen sie kontinuierlich.

Zu beachten ist, dass bei zu hoher Substratfeuchte eine zu große Menge Wasser aufgenommen werden kann. Bei solchen Gelegen kann es zu Problemen beim Schlupf der Jungtiere kommen. Die Jungtiere ertrinken während des Schlupfvorgangs beim Durchstoßen der inneren Eihüllen.

Abb. 87-89. Schlupf von *Crotaphytus c. baileyi*. Zu beachten ist die kleine Einbuchtung im Ei kurz vor dem Schlupf.   Fotos: R. Schumacher

raturen um ca. 20°C. In beiden Fällen schlüpften die Jungtiere problemlos. RIEDEL (1993) versuchte Bruttemperaturen zwischen 32 und 37°C. Einige der gezeitigten Jungtiere wiesen jedoch Wirbelsäulenverkrümmungen auf, weiter waren die Tiere deutlich kleiner bei tieferen Temperaturen gezeitigte Jungtiere

FITCH (1956) ermittelte in unmittelbarer Nachbarschaft beliebter Ablageplätze und bei einer Tages-Lufttemperatur von 35,5°C folgende Temperaturwerte:

Bei einer Bruttemperatur zwischen 28 und 31°C schlüpfen die Jungtiere von *Crotaphytus collaris* nach 45-60 Tagen. FITCH (1956) ermittelte bei Freilandstudien 51 bis 56 Tage. Knapp über 30°C liegende Temperaturen sind nach meinen Beobachtungen zu bevorzugen. Bei dieser Temperatur ist die Schlupfrate am höchsten.

Bodentiefe in mm (ca.)	Temperatur in °C
12	54
37	42,2
70	36,8
135	32,5

Eine Auswirkung der Bruttemperatur auf die Verteilung der Geschlechter konnte ich nicht feststellen, doch scheint nach nicht gesondert aufgezeichneten Beobachtungen bei den frühen Gelegen eine größere Anzahl von Weibchen erkennbar zu sein, bei gleichen Bruttemperaturen wie für spätere Gelege.

Durch Fehler bei der Bedienung des Brutapparates kam es bei einem Gelege, das eine Woche vor dem Schlupf stand, über einen Zeitraum von 2 Tagen zu Höchsttemperaturen von 38°C. Bei einem anderen Gelege herrschten während eines nicht bemerkten mehrtägigen Ausfalls des Brutapparates Tempe-

Seinen Angaben zufolge erreichen die Temperaturen im Nestraum somit am Tag oft die hohen Vorzugstemperaturen der Erwachsenen.

Die Jungtiere durchstoßen die Eischale meist an einer Stirnseite und verharren oftmals noch mehrere Stunden im Ei, ohne die schützende Hülle zu verlassen. Meist sind deutlich die noch unregelmäßigen und tiefen Atembewegungen des Tieres zu erkennen. Wenn die Gelege gut mit Substrat abgedeckt sind, ist es den geschlüpften Jungtieren, die an die Substratoberfläche streben und nicht sofort entnommen werden können, kaum möglich, weitere Eier des Geleges

67

Die Entnahme aus dem Zeitigungsbehälter erfolgt am besten im vorbereiteten Terrarium. Der Behälter wird hineingestellt und der Klarsichtdeckel entfernt. Die Tiere ducken sich meist und verbleiben an ihrem Platz. Mittels eines kleinen Pinsels werden sie dazu veranlaßt, den Behälter zu verlassen.

Achtung: die Kleinen entkommen dabei oft blitzartig, weshalb der Vorgang unbedingt im Terrarium durchgeführt werden sollte.

Meist wird mutig der Pinsel angegriffen und gebissen. Der Zeitigungsbehälter mit den restlichen Eiern wird wieder verschlossen und in den Brutapparat gestellt. Zwischen dem Schlupf des ersten und des letzten Tieres können durchaus mehrere Tage vergehen.

durch ihre oft heftigen Bewegungen herum zu wirbeln. Dadurch sind auch später schlüpfende Geschwister noch weitgehend geschützt. Geschlüpfte Jungtiere sammeln sich unter den Klarsichtdeckeln der Behälter.

Ist der Dottersack vollständig verbraucht, können sie in das normale Terrarium eingesetzt werden, andernfalls sollten sie einen bis maximal zwei Tage in einem gesonderten Kleinterrarium auf Zellstoff untergebracht werden. Auch hier ist eine Versorgung mit Wasser und der nötigen Wärme selbstverständlich.

Missbildungen kommen sehr selten vor, oder werden nicht entdeckt, da solche Tiere oft nicht aus eigener Kraft das Ei verlassen können. Siamesische Zwillinge, die ich bei einer F1–Nachzucht von *Crotaphytus collaris* feststellte, waren im Bereich des Oberkörpers zusammengewachsen. Sie besaßen nur einen Kopf und zwei vollständig entwickelte Körper (SCHUMACHER, unveröff.). Auch THOMASCH (mündl. Mittlg.) konnte siamesische Zwillinge dokumentieren, deren Körper im Bereich der Lende zusammengewachsen waren und die nur ein Paar gemeinsamer Hinterbeine und einen Schwanz hatten.

Aufzucht der Jungtiere

Die Aufzucht der Jungtiere erfolgt in nach Alter und Größe aufgeteilten Gruppen, bei strenger Trennung verschiedener Arten und Unterarten, um eine Verwechselung zu vermeiden. In

Terrarien von 60 x 40 x 40 cm (LBH) lassen sich kurze Zeit bis 20 Schlüpflinge, aber nur 5 halbwüchsige Jungtiere unterbringen. Größere Terrarien und kleinere Gruppen sind zu bevorzugen.

Die Beleuchtung der Jungtierterrarien sollte möglichst intensiv über mehrere Leuchtstofflampen und einen kleinen Strahler erfolgen. Die Tagestemperaturen sollten im ganzen Terrarium zwischen 30 und 40°C liegen. Die Terrarien sollten einen steinigen (z. B. verputzten) Boden und ebensolche Wände aufweisen. Sand ist weitgehend zu meiden.

> Besonders wichtig in der Zeit nach dem Schlupf ist eine schnelle und ausreichende Versorgung mit Kalzium, Vitamin D3 und einem Multivitaminpräparat. UV-Bestrahlung (Dosierung: alle 2 Tage 15 min, Abstand 60 cm) ist ratsam. Teile von eingestreutem Grit (Taubenzucht) werden auch von den Jungtieren begeistert aufgepickt, weshalb dieser nicht fehlen sollten.

Abgeschnittene Bündel langer Gräser werden lose als Versteckmöglichkeit für die Jungtiere eingelegt (s. Abb. 94).

Abb. 93 (oben). Jungtiere von verschiedenen Standorten: oben: *C. c. collaris*; Mitte: *C. c. baileyi*; unten: *C. collaris* unklarer Unterartzuordnung (vermutlich aus dem zentralen New Mexico).

Abb. 94 (unten). Ein Jungtier von *C. c. baileyi* kommt aus seinem Versteck.

Fotos: R. Schumacher

69

Als erste Nahrung werden im Laufe des ersten Tages nur wenige bis 5 mm große Kurzflügelgrillen, Heimchen oder Ofenfischchen angeboten. Auch kleine Raupen der Wachsmade und Buffalowürmer eignen sich hervorragend (vgl. Tabelle Kapitel "Ernährung" S. 51).

Alle angebotenen Futtersorten sollten mit Kalk bestäubt werden. Um eine genügende Menge an Futtertieren zu gewährleisten, sollte sich nach jeder Fütterung noch eine geringe Anzahl von ihnen im Becken befinden.

Abb. 95. Für die Flüssigkeitsaufnahme sind die flachen Deckel der Grillendosen besonders geeignet (*C. collaris baileyi*). Der Boden ist mit mineralstoffreichem Taubengrit bedeckt
Foto: R. Schumacher

Vom ersten Tag an sind geeignete **Trinkgelegenheiten** anzubieten. Zwei Methoden haben sich besonders bewährt:

a) besprühen der Grasbüschel 2 x täglich. Die Grasbüschel sollten bei dieser Methode in wöchentlichem Abstand ausgetauscht werden.

b) einlegen mehrerer Verschlussdeckel der handelsüblichen viereckigen Insektendosen (Heimchendosen). In die Mulden der sehr flachen Deckel wird das Wasser randvoll eingegossen.

Es empfiehlt sich, als **Trinkflüssigkeit** täglich z.B. 1/4 Brausetablette Calzium-D-Sandoz in 0,4 l Wasser zu lösen und mit 4-5 Tropfen Multi-Mulsin aufzuwerten. Diese Menge reicht zum Füllen von ca. 10 Deckeln. In Deckeln dieser Tiefe ist ein Ertrinken der Jungtiere unwahrscheinlich, Deckel mit höherem Rand sind nicht zu empfehlen. Das

Wasser verdunstet wegen den hohen Boden- und Lufttemperaturen innerhalb eines Tages, die Deckel sind täglich zu reinigen und neu aufzufüllen.

Besonders bei aus späteren Gelegen stammenden Jungtieren kann es wenige Tage nach dem Schlupf, teils aber noch nach Wochen zu Komplikationen in Form von Krämpfen kommen. Diesem Umstand kann mit rechtzeitigen Gaben von Kalzium und Vitaminen vorgebeugt werden. Erste Anzeichen sind Muskelbewegungen im Ruhezustand der Tiere, Zittern einzelner Zehen, hauptsächlich an den Hinterbeinen. Besonders in Stresssituationen können diese sich sehr schnell über das ganze Tier ausbreiten und das Tier töten.

Abb. 96. Junge *C. collaris* beim Sonnenbaden. Diese Jungtiere sind schon einige Wochen alt, die Fleckzeichnung schon in Auflösung begriffen.   Foto: U. Dost

Abb. 97. *C. collaris*–Jungtiere. Hier handelt es sich um Mischlinge von *C. c. collaris* und *C. c. baileyi*. Später erwiesen sich einige Weibchen als unfruchtbar.   Foto: R. Schumacher

Außer der genannten regelmäßigen und frühzeitigen Prophylaxe helfen solchermaßen geschädigten Tieren eine niedrigere Unterbringungstemperatur und kürzer gewählte Tageslängen. Weiter sollte besonders in Terrarien mit solchen Tieren alle Bewegungen weitestgehend unterbleiben, um die Tiere keinem Stress auszusetzen. Gesunde Jungtiere wachsen bis zu einem Millimeter pro Tag. Halbwüchsige Tiere erhalten eine Einrichtung wie Erwachsene und trinken aus normalen Wasserschalen.

Eine **Winterruhe** noch am Ende des Geburtsjahres ist auch für zurückgebliebene Tiere zu empfehlen.

Abb. 98. Nachzuchttiere von *C. collaris*. Bei weiter zunehmendem Alter werden junge Männchen rote Zeichnungselemente bekommen. Wenn diese verschwinden, erfolgt die Umfärbung zur Erwachsenenfärbung.
                                              Foto: F. Riedel

71

Abb. 99. © J.A. McGuire

Crotaphytus antiquus

Rücken braun mit weißem oder hellgrauem Netzmuster und schwarzen, weiß umrandeten Ozellen. Wenig orales Melanin
Erwachsene Männchen: mit kleinen Inguinalflecken und schwarzen Femoralporen. Vorderes Halsband an der Kehle geschlossen. Schwanz mäßig rund.

Abb. 100. © W. Wells

Crotaphytus bicinctores

Rücken braun mit weißen Tupfen und braunorangenen (in Grundfärbung integrierten) in Rückenmitte nicht unterbrochen Querstreifen. Kein orales Melanin. Erwachsene Männchen: mit großen Inguinalflecken und hellen Femoralporen. Vorderes Halsband an der Kehle geschlossen. Schwanz mäßig seitlich zusammengedrückt. Rosa bis braun gefärbte Schuppen im Raum zwischen vorderem und hinterem Halsband.

Abb. 101. © R. Schumacher

Crotaphytus collaris

Rücken grün, blau grau oder braun mit weißen Tupfen. Ausgeprägtes orales Melanin.
Erwachsene Männchen: ohne oder nur mit sehr kleinen Inguinalflecken und hellen Femoralporen. Vorderes Halsband an der Kehle immer weit geöffnet. Schwanz rund.

Abb. 102. © W. Wells

Crotaphytus dickersonae

Rücken blau mit weißen Tupfen. Vordere Milbentasche oberhalb der Schulter fehlend. Wenig orales Melanin.
Erwachsene Männchen: mit großen Inguinalflecken und hellen Femoralporen, keine vergrößerten Postanalschilder, vorderes Halsband an der Kehle geschlossen, hinteres Halsband am Rücken geschlossen. Schwanz stark seitlich zusammengedrückt.

72

Crotaphytus grismeri

Rücken braun mit weißen Tupfen. Kein orales Melanin. Beide Geschlechter und Jungtiere mit hellen Streifen auf der Schwanzoberseite.
Erwachsene Männchen: mit großen Inguinalflecken und hellen Femoralporen, vorderes Halsband an der Kehle geschlossen, Schwanz mäßig seitlich zusammengedrückt. Grün gefärbte Schuppen im Raum zwischen vorderem und hinterem Halsband.

Crotaphytus insularis

Rücken braun mit weißen Flecken, die teilweise zu Wellenlinien zusammenlaufen können, aber kein Netzwerk bilden. Hinteres Halsband fehlt meist. Kein orales Melanin. Erwachsene Männchen: mit großen Inguinalflecken und hellen Femoralporen. Vorderes Halsband an der Kehle geschlossen, im Nacken weit geöffnet. Schwanz stark seitlich zusammengedrückt.

Crotaphytus nebrius

Rücken braun mit weißen Tupfen, in Rückenmitte bis zu drei mal länger als Flecken der Körperseiten. Ausgeprägtes orales Melanin.
Erwachsene Männchen: mit nur kleinen Inguinalflecken und hellen Femoralporen, vorderes Halsband an der Kehle als sehr dünne Binde geschlossen. Schwanz rund. Männchen in der Fortpflanzungszeit mit orange-gelber Brust und ebensolchen Barren an den Körperflanken.

Crotaphytus reticulatus

Rücken goldbraun mit weißem oder hellgrauem Netz-muster und schwarzen, weiß umrandeten Ozellen. Orales Melanin vorhanden. Keine postfemorale Milbentasche. Erwachsene Männchen: ohne Inguinalflecken und mit schwarzen Femoralporen, vorderes Halsband an der Kehle geschlossen, Schwanz mäßig rund bis leicht oval. Keine vergrößerten Postanalschilder. Im Frühjahr goldgelbe Brust. Weibchen: vorderes Halsband fragmentiert.

Crotaphytus vestigium

Rücken braun mit mehreren durchgehenden weißen Querstreifen, dazwischen weiße Fleckenreihen. Kein Netzwerk bildend. Kein orales Melanin.
Erwachsene Männchen: mit großen Inguinalflecken und hellen Femoralporen. Vorderes Halsband an der Kehle geschlossen, im Nacken sehr weit geöffnet. Hinteres Halsband nur schwach angedeutet. Schwanz stark seitlich zusammengedrückt.

73

Artenteil

Crotaphytus antiquus

AXTELL & WEBB 1995

deutsch: Coahuila–Halsbandleguan
englisch: Coahuila Collared Lizard, Venerable Collared Lizard

Terra typica: 2,1 km nördlich und 1,7 km östlich Vizcaya in der Sierra Texas, Coahuila, Mexiko.

Die wissenschaftliche Bezeichnung stammt von dem lateinischen Wort antiquus und soll nach Meinung des Autors auf die stammesgeschichtlich alte Form des Typus hinweisen (MCGUIRE 1996).

Allgemeines: Von *C. antiquus* existieren noch nicht viele Angaben in der Literatur. Lediglich bei der Erstbeschreibung durch AXTELL & WEBB im Jahre 1995 wurden zwei schwarzweiß Abbildungen von je einem Männchen und einem Weibchen veröffentlicht. Eine weitere, diesmal farbige Abbildung eines erwachsenen Männchens findet sich bei MCGUIRE (1996).

Beschreibung: Die Grundfarbe von Kopfoberseite und Körper ist olivbraun. Schwarze, weiß umrandete Flecken (Ozellen) ziehen sich in ungefähr 5 zu Querbändern angeordneten Reihen über den Rücken. Dem ersten deutlichen und schwarzen Halsband folgt ein zweites, welches meist dorsal in einzelne ebenfalls weiß umrandeten Ozellen aufgelöst ist.

Abb. 108. C. *antiquus* (Männchen) aus Sierra San Lorenzo, Sta. Eulalia (Mexiko). Foto: J.A. McGuire

Das vordere Halsband der Männchen ist im Bereich der Kehle zusammenfließend. Die Tiere besitzen einen dunklen bis schwarzen Kehlfleck. Weiße Punkte liegen zwischen den Ozellenreihen des Rückens. Die braune Grundfarbe des Körpers zerreißt an den Kopfseiten, den Gliedmaßen und dem Schwanz und setzt sich dort als feine oliv-braune Punktierung auf hellerem Grund fort. Auf den Zehen der Vorder- und Hinterfüße finden sich teils zitronengelbe Zeichnungselemente und auch die Spitze des Schwanzes tendiert ins gelb-orangene. Alle Männchen entwickeln bei zunehmendem Alter an der Unterseite dunkle Inguinalflecken. Diese sind aber nicht sonderlich groß. Die Femoralporen der Männchen sind schwarz wie die daraus abgesonderten Sekrete. Beide Geschlechter besitzen einen fast kreisrunden Schwanz, niemals ist dieser seitlich zusammengedrückt. Heranwachsende weibliche Tiere zeigen beiderseits der Schwanzunterseite einen direkt hinter der Kloake beginnenden gelben Strich, wie er sonst noch bei keiner weiteren Halsbandleguanart beschrieben wurde. Die Tiere weisen bei geöffnetem Maul schwarz pigmentierte Bereiche auf den Schleimhäuten auf. Diese Bereiche sind aber in Intensität und Ausbreitung nicht sehr ausgeprägt.

C. antiquus hat eine ähnliche Rücken-zeichnung wie der am Unterlauf des Rio Grande heimische *C. reticulatus*. Auch die Verbreitungsgebiete der beiden Arten liegen nicht weit voneinander entfernt. *C. antiquus* und *C. reticulatus* sind bisher die einzigen Arten, für die eine schwarze Färbung der Femoraldrüsen als typisch beschrieben wurde.

Verbreitung, Lebensraum und Lebensweise: Das bis heute bekannt gewordene Verbreitungsgebiet ist sehr klein. Die nordöstlich der mexikanischen Großstadt Torreon liegenden Gebirgszüge der Sierra de San Lorenzo, Texas und Solis gehören geographisch der Chihuahua Wüste an und liegen im mexikanischen Bundes-staat Coahuila.

C. antiquus ist wie fast alle anderen Arten, außer dem äußerlich recht ähnlichen *C. reti-culatus,* streng felsbewohnend. Nach MCGUIRE (1996) bewohnt die Art große Kalksteinfelsen, in deren Spalten er bei Störung schnell verschwindet. MCGUIRE beschreibt das Gebiet als typische Chihuahua Wüste, mit der ihr eigenen Vegetation. Diese besteht hauptsächlich aus einer Pflanzengesellschaft von Creosote–Büschen *Larrea divaricata,* einer rot safti-gen Gummipflanze *Jatropha dioica*, dem Ocotillo *Fouquieria splendens,* einer Agave *Agava lechuguilla, Lippia graveolens* und der Teddybear ähnlichen Zylinderopuntie *Opuntia bigelowii.* Auch einige der bei unse-ren Kakteenliebhabern begehrten *Echino-cactus spp*. kommen dort vor.

Abb. 109. Verbreitung (Sternsymbol) von
C. antiquus nach MCGUIRE (1996).

75

Der Coahuila–Halsbandleguan ist in seinem Verbreitungsgebiet recht häufig, so dass MᴄGᴜɪʀᴇ (1996) auf einem längs eines Weges liegenden Landstreifen von nur ca. 1500 m Länge und 200 m Breite (also nur 0,3 km²) mehr als 25 Tiere zählen konnte. Er erwähnt, dass die Fortbewegung im Normalfall vierbeinig erfolgt. Bei Veranlassung wird auch die von den anderen Arten bekannte schnelle bipedale Fortbewegung genutzt. Das Verhalten der Echsen ist durchweg sehr territorial. MᴄGᴜɪʀᴇ (1996) konnte beobachten, dass zwischen den Männchen bei einer Entfernung von ungefähr 10 m kräftige Abwehrreaktion erfolgen, wenn das beanspruchte Territorium von einem anderen Männchen verletzt wird. Es ist von einer Ernährung wie bei den anderen bekannten Arten auszugehen. Freilandstudien hierzu fehlen jedoch. Bei einem zur Präparation vorbereiteten Tier fand sich ein "unidentified coleopteran insect" also ein nicht identifizierbarer Käfer im Verdauungstrakt.

Pflege und Zucht: Von dieser Art sind bisher noch keine Haltungs- und Zuchterfolge bekannt geworden. Auch ist nicht bekannt, ob diese Art inzwischen überhaupt in Terrarien gehalten wurde.

Fortpflanzung: MᴄGᴜɪʀᴇ (1996) beobachtete im späten Juni ein Weibchen, welches scheinbar kurz vorher ein Gelege abgesetzt hatte. Das Tier besaß noch Reste der Trächtigkeitsfärbung. Auch zu anderen Zeiten konnten Weibchen mit Trächtigkeitsfärbung in verschiedener Intensität beobachtet werden. Aus seinen Beobachtungen schließt er auf zirka zwei Gelege pro Reproduktionszyklus. Offenbar schlüpfen Jungtiere erst im späten Sommer. Untersuchungen an zwei für wissenschaftliche Zwecke gesammelten Weibchen, jedes mit einer KRL von ca. 89 mm, erbrachten vier, beziehungsweise drei gut beschalte Eier. Hieraus lässt sich auf eine nur geringe Gelegegröße schließen.

Abb. 110. Einjähriges männliches Nachzuchttier von *C. bicinctores*.   Foto: R. Schumacher

Crotaphytus bicinctores

Sᴍɪᴛʜ & Tᴀɴɴᴇʀ 1972

deutsch: Mohave–Halsbandleguan
englisch: Great Basin Collared Lizard, Mojave Black–collared Lizard

Terra typica: "Mercury Pass, Nevada Test Site, Nye Co.," Nevada, USA

Die wissenschaftliche Bezeichnung *bicinctores* deutet auf das doppelte, geteilte Halsband hin. (lat. bi = zwei und lat. cinct = gebändert) MᴄGᴜɪʀᴇ (1996).

Allgemeines: *C. bicinctores* gehört zu den bekannteren Arten. Er besitzt nach dem Gewöhnlichen Halsbandleguan *C. collaris* das zweitgrößte Verbreitungsgebiet aller Halsbandleguane. Da aus dem US–Bundesstaat Nevada, in dem die Tiere sehr häufig vorkommen, Reptilien ausgeführt werden, sind die Tiere regelmäßig im zoologischen Fachhandel zu finden. Bei uns können sie meist in den Frühjahrsmonaten gekauft werden. Oft werden diese Halsbandleguane unter den falschen Namen *C. collaris* oder *C. insularis* angeboten. Von *C. collaris* sind sie leicht durch die grazile Körperform zu unterscheiden. Weiter besitzen die Männchen dieser Art ein unter dem Hals geschlossenes Halsband und eine rotbraune Grundfarbe, niemals sind die Tiere bläulich oder grün. Der zweite Name, unter dem die Tiere häufig angeboten werden, gehört zu einer nahe verwandten Inselform. Diese hat bisher noch nicht den Weg nach Europa gefunden. Obwohl die Tiere zu den öfters angebotenen Arten gehören, ist bisher weder über eine kontinuierliche Nachzucht noch über eine langjährige Haltung schriftlich berichtet worden. Bezüglich der Ernährung scheinen die Tiere anspruchsvoller als *C. collaris* zu sein. Auch Wildfänge, die noch in guter Verfassung hier ankamen, zeigten sich als schlecht haltbar, da sie nur schlecht fraßen und dann über einen längeren Zeitraum stark abbauten. Bei einer Anschaffung ist den wenigen Nachzuchten, die bisher erhältlich sind, unbedingt der Vorzug zu geben.

Beschreibung: Es handelt sich um eine mittelgroße und schlanke Art, die gewöhnlich bei einer KRL von ungefähr 8,5–9,5 cm nicht mehr als 28–30 cm Gesamtlänge erreicht. McGuire (1996) nennt eine maximale KRL von 11 Zentimetern für die männlichen Tiere und knapp 10 Zentimeter für Weibchen. Brown et al. (1995) geben eine Maximallänge von 33 Zentimetern an. Die Tiere besitzen im Normalfall zwei vollständige Reihen von Interorbitalschildern auf der Kopfoberseite.

Männchen: die zeichnungslose Kopfoberseite der männlichen Tiere weist eine beige bis ockergelbe Farbe auf. Die Grundfarbe des Körpers ist khakigrau. Das doppelte, tiefschwarze Halsband ist durch ein breites weißes Band getrennt. Dort sind lachsrosane bis pastellgelbe Schuppen eingelagert.

Abb. 111. Männchen (rechts) und Weibchen von *C. bicinctores.* Foto: R. Schumacher

Vorderes und hinteres Halsband schließen sich im Bereich des Nackens nahezu komplett. Über den Rücken ziehen sich meist zwischen 5 und 7 dunkelorangene Querbänder. In den dazwischen liegenden khakigrauen Zonen sind oft schwarze Flecken eingebunden. Der gesamte Rücken und die Seiten sind mit feinen hellen Tupfen besetzt. Ein großer pastellblauer Kehlfleck ist vorhanden. Das vordere Halsband

77

Abb. 112. *Crotaphytus bicinctores* aus Inyo County, Kalifornien. Das Tier lässt sich als Weibchen identifizieren, denn das vordere schwarze Halsband endet an den Halsseiten.   Foto: R.D. Bartlett

schließt sich als breite schwarze Binde im Halsbereich, direkt hinter dem Kehlfleck. Die Kopfseiten sind mit einem dichten Netzwerk von dunkelgrauen bis pastellblauen Flecken und Punkten auf hellerem Grund überzogen. Vorder und Hinterbeine sind oft goldgelb, fast bronzen glänzend. Beigefarbenen Tupfen bedecken die Oberseite der Hinterbeine, zwischen denen die hellere Grundfärbung als netzartiges Muster erscheint. Die Körperflanken sind unterhalb der seitlich verlaufenden Längsfalte diffus dunkel genetzt. Vor den Ansätzen der Hinterbeine sind bei den erwachsenen männlichen Tieren große, tiefschwarze Inguinalflecken vorhanden. Auch direkt hinter den Vorderbeinen zeigen einige Tiere große schwarze Flecken auf der Unterseite. Diese können mit den Inguinalflecken zu zwei breiten und unregelmäßigen schwarzen Bändern verschmelzen. Der Brustbereich kann ockergelb bis olivgrün gefärbt sein. Oftmals mit unregelmäßig eingestreuten schwarzen Flecken. Der Schwanz ist seitlich mäßig zusammenge-

Abb. 113. Bauchseite eines männlichen *C. bicinctores.* Typisch für die Männchen: große schwarze Inguinalflecken   Foto: U. Dost

78

drückt und weist an der Oberseite eine helle ungefleckte Zone auf. Auf heller Grundfarbe sind die Seiten des Schwanzes khakigrau getupft.

Weibchen: Die Weibchen sind hellgrau bis elfenbeinfarben oder braun. Hellere und dunklere Zonen wechseln sich ab. Diese Schattierungen bilden oft kaum in der Farbe abhebende große Ringe oder Binden. Viele Weibchen zeigen nur feine helle Punkte auf grauer Grundfarbe. Das Halsband ist auch bei den Weibchen deutlich und klar. Das vordere endet als breites Band seitlich des Halses, unmittelbar vor dem Ansatz der Vorderbeine. Die Unterseite der Weibchen ist hellgrau. Die typisch männlichen Attribute wie Kehlfleck und Inguinalflecken fehlen. Verpaarte Tiere bekommen rote, meist durchgehende Querbinden im Bereich des Halsbands und an den Körperflanken. WELLS (persönliche Mitteilung) hatte in Kalifornien einige Weibchen fotografieren können, die einen zitronengelben Schwanz und ebensolche Hinterbeine besaßen. Schaut man den Tieren in das geöffnete Maul, fällt auf, dass sie im Gegensatz zu verschiedenen anderen Halsbandleguanarten keine schwarz pigmentierten Schleimhäute besitzen.

Verbreitung, Lebensraum und Lebensweise:
Die Art dringt am weitesten von allen Halsbandleguanarten nach Norden vor und ist noch im Bereich des Snake River, im südöstlichen Oregon und südwestlichen Idaho regelmäßig zu finden. Von hier aus zieht sich das Verbreitungsgebiet über die östlich der Sierra Nevada liegenden Landesteile Kaliforniens und Nevadas durch das große Becken bis in die Mohave Wüste und Teile der Sonorawüste. Nach Osten dringt die Art über den Unterlauf des Colorado River tief nach Arizona ein. In einem weiten Bogen zieht sich das Verbreitungsgebiet im westlichen Teil Utahs entlang der Wasatch Range nördlich bis zum großen Salzsee. In den Niederungen

Abb. 114. Verbreitung von *C. bicinctores* nach MᴄGᴜɪʀᴇ (1996).

des Grand Canyon dringt die Art weit nach Nordosten vor und überquert auch den Green River im mittleren Süden von Utah. Ebenso lebt sie in den tieferen Teilen des Little Colorado River und des Virgin River.

In einigen Randbereichen lebt die Art sympatrisch mit *C. collaris baileyi*, bevorzugt aber abweichende Habitate und somit ergeben sich nur kleine Berührungszonen. Hier wurden Artbastarde gefunden (AxTELL 1972, MONTANUCCI 1983). SMITH & TANNER (1972) schreiben, die Art würde im Bereich des Green River großflächig mit der gelbköpfigen Variante von *C. collaris baileyi* bastardieren. Diese Angabe widerspricht den Untersuchungen von MONTANUCCI (1983), der klare Differenzen zwischen den bevorzugten Lebensräumen in Arizona erkennt. Die extreme gelbe Kopffärbung der nördlich des Colorado lebenden *C. collaris* könnte als Signal gedeutet werden, um mögliche Verpaarungen mit in den Randgebieten vorkommenden artfremden Tieren zu vermeiden. Im Südwesten Kaliforniens grenzt das Verbreitungsgebiet

79

Abb. 115. Lebensraum von *Crotaphytus bicinctores* (Death Valley, Kalifornien).   Foto: G. Burré

der Art an das von *C. vestigium*. Beide Arten werden auch in unmittelbarer Umgebung von Palm Springs gefunden. An den Füßen der nordwestlich liegenden Gebirge findet man ausschließlich *C. bicinctores*, südlich Palm Springs wird der gleiche Lebensraum von *C. vestigium* bewohnt. Von diesen beiden Arten sind bisher noch keine natürlichen Bastarde gefunden worden (SMITH & TANNER 1972). Im Süden von Arizona reicht das Verbreitungsgebiet bis an den Gila River.

Nach MCGUIRE (1996) bewohnt die Art auch extrem lebensfeindliche vulkanische Gebirgszüge im Inneren der Wüsten. Ebenen mit nur wenig Gestein konnten von der Art überquert werden und so sind auch abgelegene, sonst völlig isolierte Gebirgszüge besiedelt worden. Meist sind die Tiere auf großen Steinen aus vulkanischem Tuff

und auf Lavaströmen zu finden. Sie kommen auch auf den Geröllblöcken in den Tälern von Canyons vor. Im Norden wird die Art bis in Höhen von 1550 Metern gefunden (BROWN et al. 1995).

Die Pflanzenwelt setzt sich hauptsächlich aus verschiedenen niedrigen Sträuchern zusammen. Der Große Sagebrush *Artemisia tridentata*, Winterfett *Ceratoides lanata*, Blackbush *Coleogyne ramosissima*, Indianerreis *Achnatherum hymenoides*, sowie der Mormonentee *Ephedra* spp. gehören im Bereich des großen Beckens zu den hauptsächlich vorkommenden Pflanzen. Im Bereich des westlichen Arizona und längs des Colorado River bewohnt *C. bicinctores* ebenfalls Vegetationszonen, die abweichend von denen der *C. collaris* sind. Auch hier setzt sich die typische Pflanzengemeinschaft aus Pflanzen der unteren Sonora--

80

Zone zusammen. *Artemisia*, *Artiplex*, *Ephedra* und *Echinocactus polycephalus* werden angegeben. Die Bevorzugung von Pflanzengemeinschaften wärmerer Standorte suggeriert eine höhere Anpassung an trockene Habitate gegenüber *C. collaris*, doch bei einem Vergleich der Vorzugstemperaturen zwischen beiden Arten stellt man keine signifikante Abweichung zwischen diesen fest (MONTANUCCI 1983). Die Tiere schätzen wie alle anderen Halsbandleguanarten die heißen Tageszeiten. Sie erscheinen zum Ende April, Anfang Mai aus der Winterruhe und sind auch im August oft noch zu finden. MCGUIRE (1996) beobachtete sie auch bei Lufttemperaturen weit oberhalb 37°C auf den Spitzen von dunklen vulkanischem Gestein.

Nahrung: *C. bicinctores* sind bekannt für ihre Vorliebe auch Echsen zu fressen. Dabei bejagen sie hauptsächlich Seitenfleckenleguane *Uta stansburiana*, junge Stachelleguane *Sceloporus* spp. und Rennechsen *Cnemidoporus* spp. denen sie von ihren Aussichtsplätzen aus nachstellen. Weiter fressen sie ein breites Spektrum von Insekten, in der Natur hauptsächlich Heuschrecken. Es werden auch Blüten und zarte Pflanzenteile gefressen. Die Aufnahme von Lycium–Beeren wurde öfters beschrieben (BANTA 1960, NUSSBAUM et al. 1983). In einem Fernsehbericht über den Staat Nevada wurde ein weiblicher *C. bicinctores* gezeigt, der eine margeritenähnliche Blüte fraß. In menschlicher Obhut zeigen sich Wildfänge als äußerst heikel, sie nehmen nur selten problemlos die angebotene Nahrung an. Bevorzugt werden zweifellos sich schnell bewegenden Heimchen und Kurzflügelgrillen, während Zweifleckgrillen, Steppengrillen und Wanderheuschrecken meist erst hastig, später aber oft nur selten und unregelmäßig angenommen werden. Viele Tiere fressen gern Wachsmaden und deren Motten. Manchmal werden auch sehr kleine Futtertiere wie Getreideschimmelkäferlarven oder Drosophila

Abb. 116. Jungtier von *C. bicinctores* (Death Valley, Kalifornien). Foto: G. Burré

angenommen. Mehlwürmer und Zophobas werden von fast allen Tieren gefressen, aber besonders von noch nicht lange eingewöhnten Wildfängen kaum vertragen und oftmals wieder ausgewürgt. Es ist zu befürchten, dass größere, gesunde Gruppen von Wildfängen nur aufgebaut werden können, bietet man den Tieren im Anfangsstadium der Haltung auch kleinere Echsen in der Größe von halbwüchsigen Anolis an, bis sich die Tiere stabilisiert haben. Nachzuchten können durchaus auf die hier vorhandenen Futtertiere geprägt werden und eine regelmäßige Ernährung mit den in der Terrarienhaltung üblichen Futtertieren ist durchaus möglich. Im Terrarium wurden schon verschiedenste Blüten– und Pflanzenteile angeboten, doch konnte ich dort keine Aufnahme von pflanzlichen Teilen beobachten.

81

Abb. 117. Jungtier von *C. bicinctores* (Death Valley, Kalifornien).   Foto: G. Burré

Pflege und Zucht: Die Pflege und Zucht ist bisher noch nicht in vielen Fällen geglückt. Die Tiere stellen an die Terrarien keine höheren Anforderungen als z. B. *C. collaris*, doch ist die Zusammenstellung einer gesunden Zuchtgruppe aus den im vorigen Abschnitt geschilderten Gründen nicht einfach. Einen recht detaillierten Bericht stellte mir Herr M. KUNDRUS zur Verfügung. Er hielt ein Pärchen dieser Tiere in einem Terrarium mit den Maßen 200 x 60 x 80 cm (L x B x H). Nach dem Kauf erfolgte eine Behandlung gegen Würmer. Weiter mussten die Tiere von zahlreichen Milben befreit werden. Das Männchen maß 27 cm GL, davon 10 cm KRL, das Weibchen 25 cm GL, davon 9 cm KRL. Im zweiten Jahr nach dem Erwerb hatte sich die Gruppe so weit stabilisiert, dass es nach einer 6 wöchigen, von Ende November bis Anfang Januar vorgenommen Überwinterung zu Paarungen kam. Die Überwinterung fand bei relativ milden Temperaturen in einem Kellerraum statt. Im Lauf des Jahres kam es zu drei Ablagen, die erste erfolgte knapp 1 1/2 Monate nach der Überwinterung (9. März 4 Eier, 12. April und 16. Mai je 5 Eier). Die Zeitigung erfolgte in einem Ton/Sandgemisch und später in reinem Sand in einem selbst gebauten Brutbehälter bei Temperaturen knapp über 29°C. Die Luftfeuchte war nah des Sättigungspunkts. Erste Jungtiere schlüpften 70 Tage nach der Eiablage. Die Schlüpflinge wiesen eine Gesamtlänge zwischen 12 und 13 cm auf. WELLS (pers. Mitteilung) berichtet von einem Weibchen, was er lediglich 4 Wochen überwinterte und welches anschließend paarte und befruchtete Gelege ablegte.

Jahreszeitlicher Rhythmus und Fortpflanzung: Entsprechend ihrem großen Verbreitungsgebiet kommt die Art auch in Gegenden mit langen und äußerst kalten Wintern vor. Im äußersten Süden werden auch im Winter die deutlich wärmeren Bereiche der Mohave- und Sonorawüste bewohnt. Vor allem im Norden ist die Art gezwungen, eine lang andauernde Winterruhe bei Temperaturen nahe der Frostgrenze zu überdauern. Wie bei den anderen Arten addieren sich zu diesen Zeiten die Ruheperioden der erwachsenen Tiere im Herbst. Somit besitzen auch diese Halsbandleguane eine im Verhältnis zur Gesamtjahreslänge nur kurze jährliche Aktivitätszeit. Erstbeobachtungen nach der Winterruhe liegen im zeitigen Frühjahr je nach Autor und geographischer Breite meist zwischen Mitte März und Mitte April. In der folgenden Zeit sind regelmäßig alle Altersgruppen äußerst aktiv. Erste trächtige Weibchen sind ab Beginn des Monats Mai in verschiedenen Bereichen zu beobachten. Daher werden die ersten Paarungen der Tiere schon in den letzten Tagen des April stattfinden. Schlüpflinge sind im nördlichen Teil ihres Verbreitungsgebiets im späten August und frühen September zu beobachten (BROWN et al.1995). Die Gelegegrößen bewegen sich nach verschiedenen Autoren und Untersuchungen zwischen 3 und 7 Eiern. Im Norden wird offenbar nur ein Gelege im Jahr abgesetzt (BROWN et al. 1995), während im südlichen Teil ihres Verbreitungsgebiets auch mehrere Gelege im Jahr abgesetzt werden können.

Crotaphytus collaris

(SAY 1823)

deutsch: Gewöhnlicher Halsbandleguan
englisch: Common Collared Lizard

Die wissenschaftliche Bezeichnung dieser ersten beschriebenen Art stammt von dem lateinischen Wort collaris für Halsband. Es resultiert aus der hervorstechenden Halszeichnung, die auch für den deutschen Namen ausschlaggebend war.

Systematik: Die Unterartsystematik von *Crotaphytus collaris* ist noch nicht abschließend geklärt und entsprechend herrschen unterschiedliche Auffassungen darüber, welche Formen als Unterarten anzuerkennen sind. In einer Studie über die Verwandschaft der Crotaphytidae hat MCGUIRE (1996) *C. nebrius* (vormals eine Unterart von *C. collaris*) in den Artstatus erhoben. Hingegen hat er alle anderen, vormals als Unterarten von *C. collaris* aufgefassten Formen, nicht mehr anerkannt. Dies begründet er damit, dass zwischen den einzelnen Populationen immer größere Bereiche liegen, in denen Mischformen gefunden würden. Seiner Meinung nach sei eine weitere Aufspaltung der Art in Unterarten nicht sinnvoll. Er führt dazu an, dass sich im Grenzgebiet des südwestlichen Texas zu Coahuila scheinbar Übergangsformen zwischen der östlichen, der südlichen und der westlichen Form finden. Dort treten Formen mit gemischtfarbigem Kehlfleck auf. Von Ost nach West ist hier eine Verschiebung von gelborange zu olivgrün zu erkennen. Auch AXTELL (1989) schließt auf eine aus allen 3 Hauptformen (*collaris*, *baileyi* und *fuscus*) bestehende Vermischungszone im westlichen Texas. Auch die bei der Originalbeschreibung von *baileyi* herangezogenen Unterschiede in der Kopfbeschildung (STEJNEGER 1890) können nicht als eindeutiges Unterscheidungsmerkmal herangezogen werden. Im nord-

Abb. 118. Männlicher *Crotaphytus c. collaris*. Foto: U. Dost

westlichen Verbreitungsgebiet von *C. c. collaris* gibt es einen Großteil von Tieren, die eine für die westliche Form typische Kopfbeschildung aufweisen. MCGUIRE möchte lediglich *C. c. baileyi* unter Umständen aufgrund der in Teilen differierenden Kopfbeschildung eine Stellung als Subspezies zubilligen. Ob in diesem Fall die südliche Form *C. c. fuscus* der Nominatform oder *C. c. baileyi* zugeordnet werden sollte, darüber wird nicht berichtet. MCGUIRE (1996) hält alle Formen für Zeichnungsvarianten, ohne dass diese den taxonomischen Status als Unterarten erhalten sollten. In Anbetracht der verschiedenen geographischen Phänotypen, die bei *C. collaris* festgestellt werden, halte ich es für eine falsche Vereinfachung,

83

keine Unterarten dieser Art anzuerkennen. Entgegen der Auffassung von McGuire (1996) gliedere ich daher in diesem Buch *C. c. collaris* in Unterarten auf, was ich im folgenden kurz begründen möchte. Vergleicht man die einzelnen Formen von *C. collaris* und deren meist unterschiedlichen Großräumen angehörenden Verbreitungsgebiete, betrachtet die isolierenden Faktoren wie Hochgebirge, Canyons oder ebene Prärien ohne geeignete Biotope, so lassen sich zumindest zwischen der östlichen Unterart *C. c. collaris* einerseits und den westlichen Unterarten *C. c. baileyi* und *C. c. auriceps* andererseits einige deutlich trennende Faktoren finden. Die systematische Stellung der aus dem südlichen Artareal stammenden Tiere, bisher als *C. c. fuscus* und *C. c. melanomaculatus* beschrieben, wollen wir an dieser Stelle erst einmal außer Acht lassen. Die große Variabilität der Tiere im Grenzgebiet zwischen den USA und Mexiko

läßt Zweifel aufkommen, ob hier ausreichend Forschung betrieben wurde. Ich stimme McGuire (1996) zu, dass *auriceps* offenbar ein Juniorsynonym von *C. c. baileyi* darstellt und nur als nördliche Farbform betrachtet werden kann, obwohl Ingram & Tanner (1971) zwischen beiden Differenzen finden konnten. McGuire führt zu recht die nur kleinen Verbreitungsgebiete der "reinen" Formen und ein wesentlich größeres Gebiet, in dem Mischformen auftreten an. Auch andere Autoren äußern sich entsprechend (Montanucci, Axtell & Dessauer 1975). Aus diesem Grund bezeichne ich in diesem Buch *auriceps* als "*auriceps*"-Variante von *C. c. baileyi*.

Tabelle 1. Unterscheidungsmerkmale der Unterarten von *C. collaris* (Angaben für typische Exemplare, Abweichungen kommen vor).

Merkmal	C. c. collaris	C. c. baileyi	C. c. fuscus
Kopfform	breit und kurz	schmal und lang	schmal und lang
Interorbitalia	meist eine Reihe	meist doppelte Reihe	meist doppelte Reihe
Anzahl Supralabialia	meist 10 oder weniger	meist 11 oder mehr	meist 12 oder mehr
Jungtierfärbung (Schlüpflinge)	hellgraue, gelbe bis gelborangene Grundfärbung von Kopf und Körper mit nur lockerer schwarzer Zeichnung	dunkle bis rostbraune Färbung des Kopfes, meist dunkle Körperfärbung, mit wenigen hellen Linien oder sehr engstehender schwarzer Zeichnung	dunkle Zeichnungelemente in mehreren Binden aus meist zwei hintereinander liegenden kleinen schwarzen Tupfenreihen
Rückenfärbung der erwachsenen Männchen	gewöhnlich grüne oder graugrüne Grundfarbe des Körpers (regionale Ausnahmen) oft gelbe Körperbinden	gewöhnlich klare blaue Grundfarbe des Körpers gelbe Zeichnungselemente am Kopf	hellgrau bis graubraun ohne Blau- u. Grüntöne
Kehlfarbe der erwachsenen Männchen	gelber bis orangener Kehlfleck	blauer Kehlfleck	dunkelbrauner bis graubrauner Kehlfleck
Unterseite der Männchen	keine Inguinalflecken, teils gelbe Flanken	teils mit schwachen Inguinalflecken, blaue Flanken und oftmals blaue Brust	hellgrau
Lebensraum	ein Bewohner der Grassteppen (Great Plains) wenn Steine vorhanden sind; Gebiete mit geringfügig höheren Niederschlägen	strengere Bindung an felsigen Lebensraum, trockenere Gebiete, Grassteppen werden gemieden, im Süden bis in 2500 m NN	steinige Ebenen der Chihuahua Wüste, niedere Lagen der Gebirge. In New Mexico und Arizona nicht über 1500 m NN

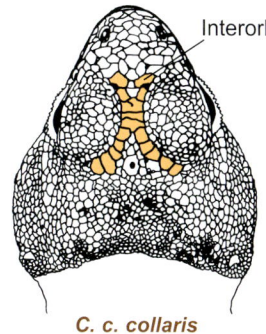

Interorbitalia

C. c. collaris

Für die östliche Unterart von *C. collaris* typische Kopfbeschildung mit einem (oder mehr) verschmolzenen Interorbitalia. Dieses Merkmal ist jedoch bei einem geringen Prozentsatz der Population nicht erfüllt.

Abb. 120. Männchen von *C. c. collaris.* Zu beachten: die gelbe Kehle. Foto: R. Schumacher

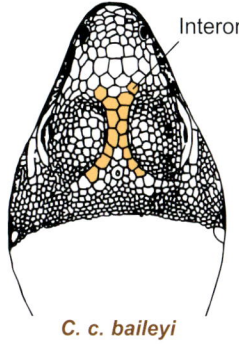

Interorbitalia

C. c. baileyi

Für die westliche Unterart von *C. collaris* typische Kopfbeschildung mit zwei Reihen nicht verschmolzener Interorbitalia.

Abb. 119. Beschuppung der Kopfoberseite (Zeichnungen: Rainer Schumacher, unten: verändert nach COPE (1883).

Abb. 121. *C. c. baileyi* (Männchen aus Sabino Canyon, Tucson, Arizona). Zu beachten: die blaue Kehle. Foto: G. Burré

Abb. 122. Männchen von *C. c. fuscus.* Zu beachten: die fehlenden Grün- und Blautöne. Foto: R. Schumacher

Abb. 123. Männlicher *C. c. baileyi* ("*auriceps*"). Zu beachten: die gelbe Färbung von Kopf und Halsbandzwischenraum. Foto: R. Schumacher

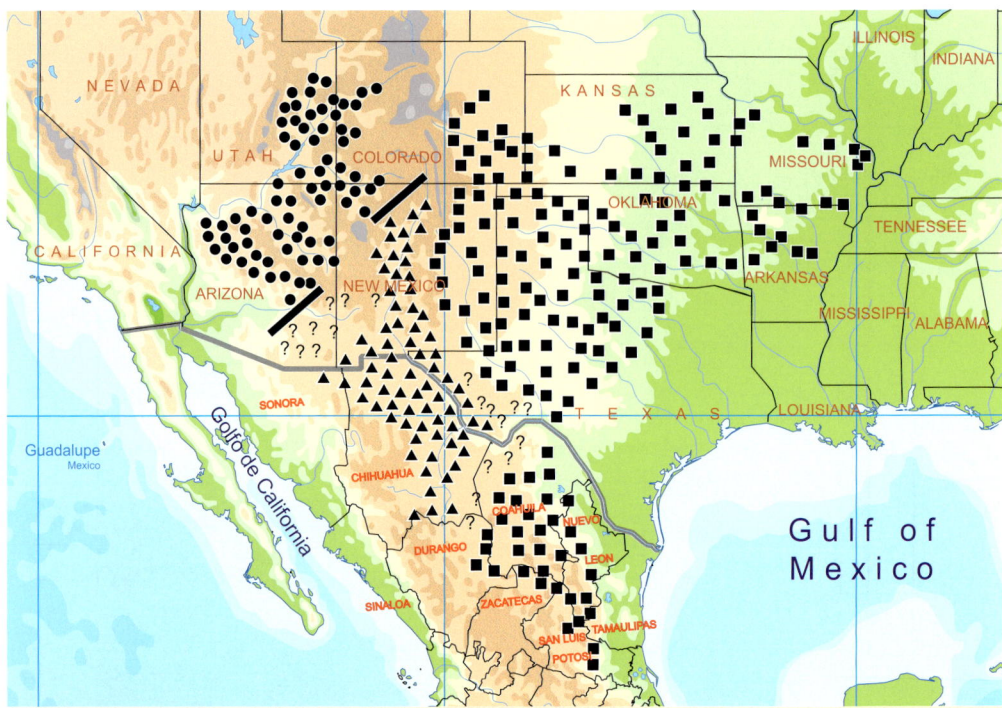

Abb. 124. Verbreitung von *Crotaphytus collaris*.
● *Crotaphytus c. baileyi*
▲ *Crotaphytus c. fuscus*
■ *Crotaphytus c. collaris*

Nach Angaben von: INGRAM & TANNER 1971, SMITH 1971, HAMMERSON 1986, CONANT & COLLINS 1991, JOHNSON 1992, MCGUIRE 1996.

Verbreitung: Dem Verbreitungsgebiet von *C. c. collaris* ist westlich das der Unterart *C. c. baileyi* benachbart. Die Unterarten sind jedoch weiträumig durch die nordamerikanische Wasserscheide (Rocky Mountains) und die anschließenden tief liegenden Bereiche des Pecos River und des Rio Grande voneinander getrennt. Besonders im Westen des Verbreitungsgebiets von *C. c. collaris* wirken Präriegürtel ohne geeignete Biotope isolierend und die Art kommt nicht flächendeckend vor. Ähnlich verhält es sich im östlichen Verbreitungsgebiet von *C. c. baileyi*. Das Verbreitungsgebiet der als *C. c. fuscus* beschriebenen Form schiebt sich im Tal zwischen Pecos River und Rio Grande fingerförmig weit nach Norden zwischen die westliche und östliche Form und lässt daher die Verbreitung "durchgehender" erscheinen. Da diese Tiere eine graue oder schwach graublaue Kehle aufweisen, scheinen sie zwischen den beiden anderen Unterarten zu stehen. Im südlichen Arizona finden sich enge Berührungspunkte zwischen *C. c. baileyi* und einer als gemischtfarbig bezeichneten Form. Laut INGRAM & TANNER (1971) bewohnen diese Tiere östlich von Tucson die gleichen Gebiete, doch unterscheiden sie sich in ihrer vertikalen Verbreitung. Typische blaue *C. c. baileyi* bewohnen die hoch liegenden Gebirgsstöcke mit der von dieser Unterart bevorzugten typischen Pinien-Wacholder–Vegetation höherer Lagen. Braun-blaue Tiere (*C. c. fuscus* x *C c. baileyi* ?) bewohnen die Niederungen. Die Angabe, auf den Gebirgsstöcken seien die

86

Abb. 125. Halsbandleguan aus Luna County, New Mexico. Das Tier läßt sich nicht klar einer Unterart zuordnen und muß als Übergangsform angesehen werden (*C. c. fuscus* x *C. c. baileyi* ?)
Foto: R.D. Bartlett

Tiere "typisch" für *C. c. baileyi*, lässt auf eine Trennung durch unterschiedliche Anpassungen schließen, erklärt jedoch nicht, warum Tiere in den Niederungen dann nicht reinfarbig der Form *C. c. fuscus* zuordenbar sind. Im südwestlichen New Mexico lassen sich größere Verbreitungslücken finden. Wo die Tiere vorhanden sind, lassen sie sich oftmals deutlich der Unterart *baileyi* oder *C. nebrius* zuordnen. Gemischtfarbige Tiere werden selten gefunden (INGRAM & TANNER 1971).

Eine direkte Übergangszone zwischen *C. c. collaris* und *C. c. fuscus* ist für das westliche Texas beschrieben. Auch sollen an einigen Gebirgsstöcken wieder Tiere mit dem Aussehen von *C. c. baileyi* auftreten, es ist aber nicht angegeben ob sich dieses Bild aufgrund der Färbung, der Kopfbeschildung oder aus beidem begründet. Da im Überschneidungsgebiet der Unterarten nie kontinuierlich von Mischformen sondern auch

immer wieder von typischen, einer bestimmten Form zuordenbaren Gruppen gesprochen wird, scheint mir eine Vermischung nicht gesichert. Tatsächlich kann es sich bei solchen Tieren auch um Scheinbastarde handeln. Es besteht durchaus die Möglichkeit, dass sich unter den als Mischform bezeichneten Tieren auch bisher nicht erkannte Arten oder Unterarten befinden. Folgt man den Daten der Untersuchung von INGRAM & TANNER (1971), in denen diese die westlichen Unterarten und einen begrenzten Teil der *C. c. fuscus* klar von der Nominatform abgrenzen konnten und betrachtet die oben angeführten Punkte, so lässt sich hier eine ähnliche Situation vermuten, wie sie vor einigen Jahren die Aufspaltung der europäischen Smaragdeidechsen in zwei einzelne Taxone begründete. In diese Richtung weisen auch eigene Terrarienbeobachtungen. Bei F2 Zuchtversuchen zwischen *C. c. collaris* x *C. c. baileyi* ("*auriceps*"–Variante) konnten Deforma-

87

tionen an den wenigen geschlüpften Jungtieren, eine beträchtliche Anzahl nicht geschlüpfter Embryonen und eine offenbar verminderte Fruchtbarkeit einzelner Tiere nachgewiesen werden (SCHUMACHER 1998). Aufgrund des unzureichenden, da sehr geringen Materials bei diesen Beobachtungen und den unklaren Verhältnissen im Grenzbereich von Arizona, New Mexico und Texas zu Mexiko, kann von dieser Seite nicht eine Abspaltung von *C. c. baileyi* zu einer eigenen Art gefordert werden. Doch sehe ich klare Tendenzen dahin.

Allgemeines: Die Unterarten von *C. collaris* zeigen einen unterschiedlich stark ausgeprägten Sexualchromatismus. Während bei *C. c. collaris* und *C. c. baileyi* Männchen und Weibchen aufgrund der im Bereich der Vorzugstemperatur gezeigten Körperfarbe deutlich differieren, lassen sich bei der südlichen Unterart *C. c. fuscus* kaum farbliche Differenzen zwischen Männchen und Weibchen ausmachen. Bei der *"auriceps"*–Variante von *C. c. baileyi* sind die weiblichen Tiere so überaus farbenprächtig, dass eine Verwechselung mit Männchen ebenfalls durchaus möglich ist. Bei allen Tieren ist aber ein deutlicher Sexualdimorphismus erkennbar. Die Männchen sind deutlich größer als die Weibchen und haben gegenüber diesen deutlich breitere auffallend vom Körper abgesetzte Köpfe. Wie bei allen Halsbandleguanarten, außer *C. reticulatus*, weisen die Männchen deutlich vergrößerte Postanalschilder auf. Das Halsband ist bei beiden Geschlechtern niemals an der Kehle geschlossen. Beide Geschlechter besitzen einen mehr oder weniger kreisrunden Schwanz. Öffnet man das Maul der Tiere, erkennt man ausgedehnte intensiv schwarz pigmentierte Bereiche der Schleimhäute.

Die Unterarten

Crotaphytus collaris collaris (SAY 1823)

deutsch: Östlicher Halsbandleguan
englisch: Eastern Collared Lizard

Terra typica: unbekannt. Man vermutet, dass sie im Gebiet des Arkansas River, in der Nähe des Zusammenflusses mit dem Verdigris River liegt (MCGUIRE 1996).

Beschreibung: GL bis zu 35,5 cm, bei einer KRL bis 12 cm. Der Schwanz ist fast doppelt so lang wie die KRL (CONANT & COLLINS 1991).

Bei einem großen Teil der Tiere sind die Interorbitalia an der engsten Stelle zu einer Reihe verschmolzen (vgl. S. 85). Nach CONANT & COLLINS (1991) besitzen die Tiere jederseits 10 oder weniger Supralabialia. Die Anzahl der Loreal-Lorilabial-Serien ist niedriger als die der *C. c. baileyi*. Die Körpergrundfarbe der Männchen ist hell gelbgrün bis dunkelgrün, oft mit Grautönen.

Abb. 126. Pärchen von *C. c. collaris* im Terrarium.   Foto: R. Schumacher

Abb. 127. Bauchunterseite eines *C. c. collaris* (Männchen). Zu beachten: die Unterseite hat keine schwarzen Inguinalflecken. Foto: U. Dost

Abb. 128. Typischer gelber Kehlfleck eines männlichen *C. c. collaris.* Foto: R.D. Bartlett

Der Kopf ist oftmals grau. Über den Rücken ziehen sich meist mehrere graue manchmal gelbliche verwaschen wirkende Bänder. An den Körperflanken befinden sich oft unregelmäßige dunkle Flecken. Schwanz und Gliedmaßen sind mit dunkleren Querbändern besetzt.

Der Kehlfleck ist normalerweise gelb bis orange. Die Kopfunterseite ist außerhalb des Kehlflecks mit einer graublauen Fleckzeichnung versehen. Der Körper ist oft mit vielen kleinen hellen Punkten getupft. In manchen Gebieten weisen die Männchen gelbe Flanken auf. Weibchen zeigen die gleiche Musterung wie die Männchen, jedoch ist ihre Körperfarbe grau, graubraun oder gelbbraun. Während der Trächtigkeit tragen sie rote, aus Einzelflecken zusammengesetzte Querbinden über Rücken und Seiten. Dies vor allem im Bereich des Halsbands. Die Unterseite der Männchen ist meist cremefarben, tendierend ins gelbgrüne, die Unterseite der Weibchen hellgrau.

Ein abweichendes Farbkleid zeigen einige Populationen im östlichen Oklahoma und Kansas. Die männlichen Tiere zeigen eine tiefblaue bis türkisfarbene Körperfärbung.

Abb. 129. Diese besonders farbenprächtigen blauen *Crotaphytus collaris collaris* kommen aus einem begrenzten Gebiet aus Kansas und Oklahoma. Foto: W. Wells

Weiter besitzen sie gelb bis orange gefärbte Köpfe und Kehlen. Es ist kein blauer Kehlfleck vorhanden. Die Tiere sind sehr stattlich und besitzen die für die Unterart typische Körpergröße. Durch die Körpergröße und das Fehlen eines blauen Kehlflecks unterscheiden sie sich von der zum Verwechseln ähnlichen "*auriceps*"– Variante von *C. collaris baileyi* aus dem westlichen Colorado und dem östlichen Utah.

89

Abb. 130. Weibchen von *Crotaphytus collaris collaris* (Palo Pinto County, Texas) nach der Eiablage.
Foto: R.D. Bartlett

Verbreitung und Lebensraum: Die Nominatform besiedelt die Staaten der Great Plains. Das Verbreitungsgebiet reicht von Südost-Colorado über Kansas bis Missouri. Weiter von Arkansas über Oklahoma bis zum zentralen Texas. In Colorado und New Mexico bilden die nordamerikanische Wasserscheide und das Gebiet zwischen Rio Grande und Pecos River eine natürliche Grenze zu der Unterart *C. c. baileyi*. Zur weiter südlich vorkommenden Unterart *C. c. fuscus* gibt es keine genauen Untersuchungen zu etwaig trennenden räumliche Faktoren. Es wurden Mischformen beschrieben.

Im Nordosten des Verbreitungsgebiets gibt es viele Reliktpopulationen. Dies lässt auf eine ehemals weitere Verbreitung in diesem Randgebiet schließen. In Texas wird die Unterart nicht weiter östlich als auf den Balcones Escarpment gefunden. Einige im Bereich Louisianas gefundene Tiere werden als vom Menschen eingeschleppt betrachtet. Auf den Kalksteinplateaus von Kansas ist diese Unterart äußerst zahlreich und erreicht ihre maximale Verbreitung. Im Bereich der Prärien ist die Art hauptsächlich in steinigen Bereichen oder Canyons zu finden. Offene Berghänge mit nur wenig Beschattung werden bevorzugt. In den stark bewachsenen und daher wenig besonnten Ozark Mountains ist die Art heute nur noch selten zu finden. Sie fehlt auch in den fast steinlosen Prärien von West–Kansas und West–Oklahoma, dem östlichen Colorado und dem Nordosten von New Mexico. Die genaue Westgrenze der Verbreitung ist unklar (SMITH 1971).

Abb. 131. Wenige Tage altes Jungtier von *C. c. collaris* mit typischer Zeichnung.
Foto: R. Schumacher

Abb. 132. *C. c. collaris*–Lebensraum (Llano County, 18 mi N Fredericksburg, Texas).
Foto: R.R. Montanucci

Abb. 134. *C. c. collaris* im Lebensraum (Palo Pinto County, Texas)
Foto: R.D. Bartlett

Abb. 133 (oben). Weibchen (*C. c. collaris*) mit typischer orangener Zeichnung während der Trächtigkeit.
Foto: R. Schumacher

Abb. 135 (rechts). Interessante Zeichnungs-variante bei einem männlichen *C. c. collaris* aus dem Raum Odessa, Texas.
Foto: W. Wells und A. Repashy

91

Crotaphytus collaris baileyi
STEJNEGER 1890

deutsch: Westlicher Halsbandleguan
englisch: Western Collared Lizard

Terra typica: Painted Desert, Little Colorado
River, Arizona.
Synonym: *C. collaris auriceps* FITCH &
TANNER 1951

Beschreibung: GL im Süden bis zu 33 cm,
bei einer KRL bis 11 cm. Der Schwanz ist
etwa doppelt so lang wie die KRL (SMITH
1971). Die gelbköpfigen Tiere aus dem nördlichen Verbreitungsgebiet bleiben wesentlich kleiner und erreichen meist nur eine GL
von bis zu 28 cm, bei einer KRL von ca. 9,5
cm (eigene Messungen). SMITH (1971) zitiert
COPE (1883), wonach *C. c. baileyi* meist eine
doppelte Reihe von Interorbitalschildern
besitzt. Die Anordnung der Interorbital-
schilder sei aber kein sicheres Unterscheidungsmerkmal zu *C. c. collaris*. INGRAM
& TANNER (1971) stellen diese Kopfbeschildung als typisch für Tiere östlich des Rio
Grande fest. CONANT & COLLINS (1991) sowie
INGRAM & TANNER (1971) geben für *C. c. baileyi* jederseits 11 oder mehr Supralabialia
an.

Die Grundfarbe der Männchen ist auffällig
himmelblau, pastellblau oder pastelltürkis,
teils bis minttürkis mit blauem Kehlfleck.
Der Kehlfleck ist mit dunklen, deutlichen
Flecken umgeben. Weibchen sind meist
unscheinbarer, ihre Grundfarbe ist maus-
grau.

Abb. 136. *C. c. baileyi*–Männchen im Lebensraum (Pinal County, Arizona) Foto: R.D. Bartlett

Abb. 137. Äußerst selten: ein Weibchen von
C. c. baileyi ohne Halsband. Foto: W. Wells

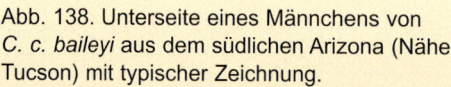

Abb. 138. Unterseite eines Männchens von
C. c. baileyi aus dem südlichen Arizona (Nähe
Tucson) mit typischer Zeichnung.
Foto: R. Schumacher

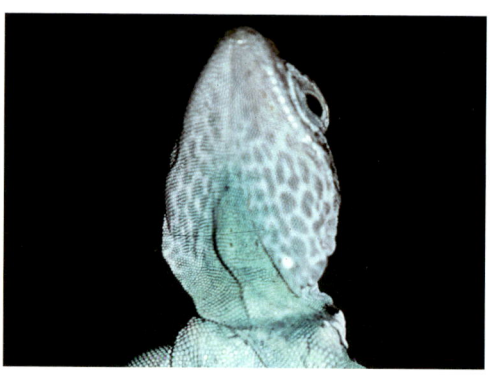

92

Männliche Tiere vor allem im Gebiet des im östlichen Utah und westlichen Colorado liegenden Grand Valley zeigen einen zitronen- bis safrangelbem Kopf. Die gelbe Kopffärbung zieht sich bis zum blauen Kehlfleck und bis hinter das Doppelhalsband. Diese Farbform wurde von FITCH & TANNER (1951) als *C. collaris auriceps* beschrieben. Auch die Weibchen zeigen eine auffällig gelbe Färbung des Kopfes. Reist man von diesem Gebiet südwärts, so findet man immer mehr Tiere, bei denen die gelbe Kopffärbung langsam von der Kehle und aus dem Bereich des Halsbands zurückweicht. Im Gebiet östlich

Abb. 139 (rechts). Weibchen von *C. c. baileyi* "*auriceps*"–Variante in Rabbit Valley, Mesa County, Colorado.   Foto: R. Schumacher

Abb. 140 (unten). Männchen von *C. c. baileyi*, "*auriceps*-Variante" in San Juan County, Utah.
                        Foto: R.D. Bartlett

des Little Colorado River werden viele Tiere gefunden, deren Körper eine klare gelbe Querbänderung aufweist. Die gelbe Kopffärbung umfasst nur noch den vorderen Kopfbereich bis zu den Augen.

Im mittleren Arizona, dem Red Rock Country, leben viele Tiere deren Körper und Beine komplett gelb überzogen sind. An den Seiten zeigen die Tiere wiederum wunderbare blaue Farben. Tiere der Mogollon Rim bilden den südlichen Abschluss dieser Unterart. Die himmelblauen Tiere besitzen eine orangene Schnauzenspitze, diese Farbe zieht sich bis in die Höhe der Augen. Hinter den Achseln der Vorderbeine tragen sie oft große, blauschwarze Flecken an den Körperseiten. Südlich dieses Gebiets wechseln Höhenstufe und Vegetation, es beginnt die untere Sonora-Zone, die keine geeigneten Biotope beherbergt. Im nordwestlichen New Mexico hat die Art noch eine lückenlose Verbreitung, weiter südlich wird sie dagegen selten. Ihre südlichste Verbreitung findet die Unterart in den Bergen südöstlich der Stadt Tucson in Arizona. Dort lebt sie vereinzelt auf höher gelegenen Bergstöcken. Die Tiere haben hier eine blaue Körperfarbe. Die Kopffärbung hat sich zu hellgrau verschoben, gelbe Farbtöne sind nicht mehr zu finden. Die Unterseite der Männchen ist im Norden meist Lichtgrün und wechselt im Süden zu einem hellen Grau. Manchmal, vor allem bei den Tieren aus den südlichen

Abb. 141. Lebensraum von *C. c. baileyi* am Südrand des Grand Canyon, Coconino County, Arizona.   Foto: R. Schumacher

Gebieten, ist der Brustbereich tiefblau getönt. Im Süden sind regelmäßig Tiere mit schwachen Inguinalflecken zu finden.

Verbreitung und Lebensraum: Die Unterart bewohnt geeignete Biotope der mittleren und oberen Sonorazone von Südost–Utah und dem mittleren Westen Colorados (Becken des Colorado River, des Green River sowie Nebenflüsse). Weiter wird das nördliche und mittlere Arizona bis zum Südrand des Mogollon Rim bewohnt. Das südwestliche Colorado und der westliche Teil New Mexicos bis in den Bereich der nordamerikanischen Wasserscheide umschreiben die östlich liegenden Verbreitungsgebiete. Im Südwesten New Mexicos nur mit punktueller Verbreitung. Nach MONTANUCCI (1983) ist *C. c. baileyi* auf dem

Abb. 142. Männchen (vorne) von *C. c. baileyi*, im äußersten Süden Arizonas haben die Tiere kaum noch gelbe Zeichnungsbestandteile. Dieses Tier stammt aus der Umgebung von Tucson, Arizona.   Foto: R. Schumacher

nördlichen Colorado Plateau in Arizona an die in diesem Raum hauptsächlich auftretende Pinien-Wachholder-Vegetation (*Pinus* sp., *Juniperus* sp.), sowie Grama-Galleta-Steppe (*Bouteloua* sp., *Hilaria* sp.) gebunden. Diese Vegetation ist typisch für die Hochlagen und Mesas der mittleren und oberen Sonorazone. Teils wird die Unterart noch in Höhen von 1800-2500 m NN gefunden. *C. c. baileyi* kann als gebirgsbewohnend bezeichnet werden. In tiefer liegende Zonen, wie z. B. dem Fuß des Grand Canyon oder den Gebieten westlich und südlich der Mogollon Rim, sind die typischen bevorzugten Pflanzengesellschaften nicht vorhanden. Hier herrscht eine Pflanzengemeinschaft vor, wie sie in der unteren Sonorazone gefunden wird und die Art wird von *C. bicinctores* abgelöst.

Crotaphytus collaris fuscus
INGRAM & TANNER 1971

deutsch: Chihuahua Halsbandleguan
englisch: Chihuahua Collared Lizard

Terra typica: 6,5 Meilen nördlich und 1,5 Meilen westlich von Chihuahua City, Chihuahua, Mexiko.
Synonym: *C. collaris melanomaculatus* AXTELL & WEBB 1995

Beschreibung: GL um 33 cm, der Schwanz ist etwa doppelt so lang wie die KRL. Kopfbeschildung mit zwei kompletten Interorbitalreihen (INGRAM & TANNER 1971). Die Grundfarbe der Männchen und Weichchen ist graubraun bis hellgrau. Körper meist ohne sichtbare Querbinden

Abb. 143. Männchen (*C. c. fuscus x c. collaris?*) mit typischer grau-brauner Färbung (Da nicht alle typischen Zeichnungsmerkmale von *C. c. fuscus* zu erkennen sind wahrscheinlich eine Übergangsform aus dem texanischen Raum).
Foto: R. Schumacher

Abb. 144. Zwei Weibchen (*C. c. fuscus*) im Terrarium. Beide Tiere zeigen eine beginnende Trächtigkeitsfärbung.   Foto: F. Riedel

95

und meist fein und weiß getupft. Die Unterseite des Körpers ist cremefarben bis hellgrau. Die Tiere sind teilweise extrem unterschiedlich. Neben den eben beschriebenen Tieren mit weißen Flecken findet man in Coahuila, Durango, Nuevo Leon, San Luis Potosi und Zacatecas auch braune Tiere mit schwarzen Punkten, teilweise sind einzelne Punkte weiß umrahmt (McGuire 1996).

Ich konnte in diesem Jahr ein Tiere mit typischer Grundfarbe, grüner Kehle sowie einem deutlichen hellen Strich auf der Schwanzoberseite im Tierhandel finden. Der Schwanz wirkte, unüblich für die Art, deutlich seitlich abgeplattet. Andere Tiere zeigen eine düstere dunkle Körperfarbe, in die hellgraue, weiß umrahmte Punkte eingelagert sind. Bei diesen Tieren ist auch das schwarze Halsband von einer dünnen weißen Linie fein umrahmt. Die Schwanzoberseite ist bei den meisten Tieren zeichnungslos, mit einem auffallend hellen, aber nicht klar begrenzten Streifen versehen. Allen Tieren fehlen grüne oder blaue Zeichnungselemente des Körpers, sieht man von einigen nördliche Populationen, die als Übergangsformen zu den nördlichen Unterarten angesehen werden, einmal ab. Der Kehlfleck ist meist dunkelgrau, wird aber auch als olivgrün beschrieben.

Verbreitung: Die Tiere sind Bewohner der felsigen Bereiche der Chihuahua-Wüste. Mehrere fingerförmige Ausläufer dieses Gebiets strahlen in den Südosten Arizonas, das südliche New Mexico und in den westlichen Bereich von Texas (Trans Pecos Region) aus. Hier, besonders im Bereich des Rio Grande und der umgebenden tiefer gelegenen Ebenen, erreicht diese Unterart die USA. Der Verbreitungsschwerpunkt liegt in den der Chihuahua-Wüste zugehörigen Landesteilen der mexikanischen Bundesstaaten. Das Verbreitungsgebiet beginnt im Osten an den östlichen Abdachungen der Sierra Madre Oriental und erstreckt sich

Abb. 145. Männchen (*C. c. fuscus*) im Terrarium.   Foto: F. Riedel

Abb. 146. Lebensraum von *C. c. fuscus* (Mexico, Chihuahua; 13.6 mi. SW Ascension).
                    Foto: R.R. Montanucci

westlich über Chihuahua bis in den äußersten Nordosten von Sonora, im Süden bis zum mittleren San Luis Potosí. Dieser Fundort stellt auch den südlichsten Verbreitungspunkt der ganzen Gattung dar.

Crotaphytus dickersonae

SCHMIDT 1922

deutsch: Dickersons Halsbandleguan
englisch: Dickerson's Collared Lizard

Terra typica: "Isla Tiburon", Golf von Kalifornien, Mexiko

Mit dem wissenschaftlichen Namen dieser Art wollte SCHMIDT (1922) die bekannte amerikanische Herpetologin MARY C. DICKERSON (1866 bis 1923) ehren. Die ehemalige Kuratorin des "American Museum of Natural History" beschrieb eine große Anzahl mexikanischer Reptilien, darunter ein großer Teil der Echsen Niederkaliforniens.

Allgemeines: Diese Art wurde schon recht früh beschrieben und von verschiedenen Autoren der Art *C. collaris* zugeordnet, was jedoch immer wieder revidiert wurde.

Abb. 147. Männchen von *C. dickersonae* (Sonora, Mexiko).   Foto: P. Heimes

Beschreibung: *C. dickersonae* gehört mit einer maximalen KRL von 116 mm zu den mittelgroßen *Crotaphytus*–Arten (MCGUIRE 1996). PATTERSON et al. (2000) nennt für diese Art folgende Größenangaben: KRL Männchen (10 Tiere) zwischen 95-104 mm, GL von 286 bis 317 mm. KRL Weibchen (7 Tiere) zwischen 84-90 mm, GL von 256 bis 265 mm.

Die Grundfarbe der männlichen Tiere ist tief aquamarin- bis kobaltblau. Die Kopfoberseite ist gleichmäßig hellblau und ohne dunklere Zeichnungselemente. Die helleren Kopfseiten sind mit dunkelblauen Flecken und Linien überzogen. Der Kehlfleck ist dunkelblau und besitzt ein schwarzes Zentrum.

97

Abb. 148. Jungtier von *C. dickersonae* (Isla Tiburón).   Foto: B.D. Hollingsworth

laut McGuire (1996) keine vergrößerten Postanalschilder. Dies erscheint besonders erwähnenswert, da es außer bei den Halsbandleguanen sonst auch bei vielen anderen näher verwandten Kleinleguanen des nordamerikanischen Kontinents durchgehend zu finden ist.

Die Färbung der Weibchen ist grau. Das Halsband ist unter dem Kopf nicht geschlossen. Manche Tiere tragen größere schwarze, nicht klar abgegrenzte Flecken und Barren auf der Körperoberseite, andere tragen große weiße Flecken auf dem Rücken. Wieder anderen fehlt diese Zeichnung. Erwachsene Weibchen weisen oftmals zitro-

Das vordere Halsband schließt sich an der Kehle komplett. Das helle Trennungsband sticht dem Betrachter strahlend weiß ins Auge. Auf dem Rücken ist das breitere hintere Halsband meist komplett geschlossen, im Gegensatz zu dem vorderen, welches an der Oberseite schwächer ausgebildet ist und eine deutliche Lücke aufweist. Das hintere Halsband endet oberhalb des Vorderbeinansatzes. Der Rücken ist mit mehreren Querreihen relativ großer hellblauer Tupfen besetzt. Es sind keine dunkleren Farbeinlagerungen festzustellen. Vorder- und Hinterbeine sind ebenso wie der Schwanz hellblau. Auf der Oberseite des seitlich zusammengedrückten Schwanzes zieht sich eine besonders auffällige breite und helle Linie entlang. Die Oberseite der Hintergliedmaßen ist dunkelblau getupft, ebenso die Seiten des Schwanzes. Die Unterseite ist hellgraublau. Bei zunehmendem Alter entwickeln sich bei den heranwachsenden Tieren große und kräftig gefärbte schwarze Inguinalflecken. Ein jahreszeitlicher Farbwechsel bei den Männchen findet nicht statt. Männchen von *C. dickersonae* besitzen

Abb. 149. Bauchansicht von *C. dickersonae*.   Foto: W. Wells

Abb. 150. Kopfansicht von *C. dickersonae*.   Foto: W. Wells

98

Abb. 151. Weibchen von *C. dickersonae*.
Foto: W. Wells

nengelbe Hinterbeine und auch einen teil-
weisen gelben Schwanz auf. Trächtige
Weibchen zeigen kräftige rote Querbinden.
Nach PATTERSON (2000) wechselt das
bescheidene Grau des Rückens während der
Zeit der Trächtigkeit zu einem auffallend
silbernen Farbton. Die Unterseite der
Weibchen ist cremefarben. Der Schwanz ist
nicht seitlich zusammengedrückt. Laut
McGUIRE (1996) ist die Gelbfärbung des
Schwanzes von dem Alter der Weibchen und
der Jahreszeit abhängig. Weiter hält er
diese Färbung für einzigartig bei der
Gattung. WELLS (persönliche Mitteilung)
konnte jedoch auch Weibchen von *C. vestigium*, *C. bicinctores* und *C. nebrius* mit deutlicher Gelbfärbung des Schwanzes beobachten und fotografieren.

C. dickersonae besitzt in Intensität und
Ausbreitung sehr schwach pigmentierte
Schleimhäute im Maul. PATTERSON (2000)
beschrieb Varianten, die er auf seiner
Exkursion beobachten konnte. Männchen
und einige Weibchen aus dem nördlichen
Küstenstreifen nahe Punta Chueca wiesen
einen schwarzen Querstreifen auf dem
Rücken auf, der wie ein drittes Halsband
aussah. Einige Männchen aus dem süd-

lichen Festlandstreifen in der Nähe von
Bahia Kino zeigten gelbe Zeichnungselemente an den Hinterschenkeln. Ihnen
fehlte die dunkle Nackenzeichnung der
nördlicher lebenden Tiere.

Von WELLS nachgezüchtete Jungtiere zeigten eine dunkelblaue bis graue Grundfarbe
und schwarze Querbänder auf dem Rücken.
Der Raum zwischen vorderem und hinterem
Halsband zeigte einen stark kontrastierenden orangenen Querstreifen. Weitere schwächer ausgebildete orangene Streifen zogen
sich über den Rücken der Jungtiere.

**Verbreitung, Lebensraum und Lebens-
weise:** *C. dickersonae* bewohnt die im Osten
des Golfs von Kalifornien liegende Insel
Tiburón (Haifisch–Insel), sowie den angrenzenden Festlandstreifen im mexikanischen
Bundesstaat Sonora. Tiburón (ca. 1200 km²)
zählt zusammen mit der etwas westlicher
liegenden Insel Angel de la Guarda zu den
größten im kalifornischen Golf gelegenen
Inseln. Ihre Entfernung zum Festland
beträgt an mehreren Stellen kaum mehr als
5 Kilometer, ihr höchster Punkt wird mit
1218 m NN angegeben.

Abb. 152. Verbreitung von *C. dickersonae*
nach McGUIRE (1996).

Auf dem mexikanischen Festland bewohnt die Art die trockenen Küstengebirge Sonoras zwischen Punta de Cirio und Bahia Kino. Weiter im Inland wird die Art von *C. nebrius* abgelöst. Auf Tiburon werden die nach Süden und Osten gelegenen, mit nur spärlicher Vegetation bedeckten Abdachungen des die Insel beherrschenden Granitgebirges bewohnt (MᶜPEAK 2000). Die Tiere bevorzugen mittlere und kleine Steine um sich zu sonnen. Die männlichen Tiere fallen durch ihre strahlende Farbe auf dem grau bis rotbraun gefärbten Gestein besonders auf.

Abb. 153. Lebensraum von *C. dickersonae* (Mexico, Sonora: 6 km N Bahia Kino). Foto: R.R. Montanucci

Größere Felsblöcke werden nicht bevorzugt. Auch auf dem Festland werden hauptsächlich süd– und ostwärts geneigte Berghänge bevölkert (PATTERSON 2000). An den bis zu 250 Meter hohen Bergketten war die Mehrzahl der Tiere in einer Höhenstufe zwischen 100 bis 180 Höhenmetern zu beobachten. Die Pflanzenwelt dieses Lebensraums setzt sich aus folgenden Arten zusammen: *Bursera microphylla*, *Encelia farinosa*, *Jatropha cuneata*, *Pachycereus pringlei*, *Stenocereus thurberi*, *Lycium* sp. und *Harfordia macroptera*.

Nahrung: In der Freiheit ist *C. dickersonae* ein Jäger, der sich zum großen Teil von kleineren Echsen ernährt. *Uta stansburiana*, *Cnemidoporus tigris* und *Callisaurus draconoides* können regelmäßig in ihrem Lebensraum beobachtet werden und sollen nach MᶜGUIRE (1996) zur festen Nahrung der Echsen gehören. Weiter wird eine große Zahl verschiedener Insekten gefressen. WELLS beobachtete die Tiere dabei, wie sie Fluginsekten mit hohen Sprüngen aus der Luft erbeuteten.

Pflege und Zucht: Diese Art ist in den letzten Jahren von verschiedenen Haltern erfolgreich vermehrt worden. WELLS (pers. Mitteilung) hält die Art auf feinem Quarzsand, auf den mehrere größere Steine aufgelegt sind. Als Eiablagemöglichkeit bietet er feuchten Sand in einer Terrarienecke, abgedeckt mit einem flachen Stein.

PATTERSON et al. (2000) benutzten unter anderem ein Plexiglasterrarium mit den Maßen 172 x 60 x 60 cm mit einem Bodengrund aus feinem Spielsand. In Becken dieser Größe hielten sie je ein Männchen mit zwei Weibchen zusammen. Sie gaben einen recht umfangreichen Bericht über ihre Haltungsbedingungen ab. Nach einer Überwinterung zwischen Anfang Dezember bis Anfang März bei Temperaturen zwischen 18 bis 21 °C wurden die Tiere in das beschriebene Becken gesetzt. Der Beleuchtungszyklus wurde im Sommer mit 15 Stunden gewählt, im Herbst wurde 13 Stunden beleuchtet. Die Temperaturen betrugen am Tag zwischen 23 und 30 °C in kühleren Bereichen, um 45 °C in der Nähe eines Heizsteins. Als Eiablagemöglichkeit wurde eine

100

mit mäßig feuchtem Vermiculite gefüllte Schlupfkiste von 35 x 18 x 12 cm geboten. PATTERSON (Denver, USA) ernährte seine Tiere mit verschiedenen heimischen Heuschrecken und Faltern, Wachsmaden, Schwarzkäferlarven sowie Heimchen. Grünfutter oder Echsen wurden nicht angeboten. Einige Tiere, aber bei weitem nicht alle, fraßen nestjunge Mäuse. Das Futter wurde zusammen mit einem Kalziumpräparat (Repcal) und Zugaben von Vitamin D3 angeboten. WELLS (San Diego, USA) füttert größtenteils Schwarzkäferlarven, heimische Käfer und Spinnen sowie selten nestjunge Mäuse und Seitenfleckenleguane (*Uta stansburiana*). PATTERSON berichtete von anfänglichen Schwierigkeiten. Fast alle Tiere erbrachen ihr Futter. Nach mehreren Gaben von Panacur trat das Problem nicht mehr auf.

Paarungen erfolgten im Frühjahr regelmäßig über einen Zeitraum von mehreren Tagen. Sie dauerten zwischen 1 1/2 bis 2 Minuten. Zur Eiablage suchten die in dem zuvor beschriebenen Becken gehaltenen Weibchen die angebotene Schlupfkiste auf. Beide Weibchen legten nach einer ersten Eiablage ein zweites Gelege mit einem Abstand von genau 49 Tagen. Die Gelegegrößen variierten bei 9 Gelegen zwischen 3 und 7 Eiern. PATTERSON erzielte gute Schlupfraten bei Bruttemperaturen zwischen 28 und 31 °C. Die Tiere schlüpften zwischen 51 bis 56 Tage nach der Eiablage. Andere Mitglieder seiner Arbeitsgruppe erbrüteten bei Temperaturen zwischen 27 bis 30 °C beziehungsweise 29 bis 33 °C. Die Jungtiere dieser Mitarbeiter schlüpften jedoch erst nach 65 bis 70 Tagen. Auch WELLS (pers. Mitteilung) bestätigt Gelegegrößen zwischen 3 und 4 Eiern, sowie Zeitigungszeiten zwischen 70 und 75 Tagen bei ähnlichen Temperaturen. Die Jungtiere wiesen beim Schlupf eine GL zwischen 82 und 102 mm auf, bei einer KRL von 30 bis 38 mm (PATTERSON 2000).

Abb. 154. Schlupf von *C. dickersonae*.
Foto: W. Wells

Jahreszeitlicher Rhythmus, Fortpflanzung: Einige wenige Angaben zum jahreszeitlichen Aktivitätsverlauf finden sich bei MCGUIRE (1996). Ab Ende März sind zahlreiche erwachsene Männchen und Weibchen aktiv. Auf Tiburón konnten zum gleichen Zeitpunkt auch Jungtiere des Vorjahrs beobachtet werden. Offensichtlich hatten um diese Jahreszeit noch keine Paarungen stattgefunden. Mitte April konnten erste Weibchen mit Trächtigkeitsfärbung beobachtet werden. Besonders viele Tiere sind im Monat Mai aktiv, wobei die Hauptzeit der Aktivität in den Mittagsstunden zwischen 11.00 bis 13.00 Uhr zu liegen scheint (PATTERSON 2000). Temperaturmessungen ergaben Körpertemperaturen zwischen 33,8 °C (Substrat 33,6 °C, Luft 25,2 °C) am Morgen und 39,8 °C (Substrat 35,2 °C, Luft 33,8 °C) zu den späten Mittagsstunden. Zum weiteren Jahresablauf werden keine Angaben gemacht.

Crotaphytus grismeri

MᴄGᴜɪʀᴇ 1994

deutsch: Grismers Halsbandleguan
englisch: Grismer's Collared Lizard

Terra typica: Canyon David, a low pass that separates the contiguous Sierra de Los Cucapas and Sierra El Mayor, approximately 2 km W Mex. Hwy. 5 on the dirt road to the sulfur mine, Niederkalifornien, Mexiko

Durch die Benennung dieser Art hat MᴄGᴜɪʀᴇ den Herpetologen L. Lᴇᴇ Gʀɪsᴍᴇʀ geehrt.

Allgemeines: Wegen seiner erst späten Entdeckung und seines abgelegenen, schlecht zugänglichen und auch nur kleinen

Verbreitungsgebiets im Norden des mexikanischen Bundesstaates Baja California sind noch nicht viele Angaben zu dem erst im Jahre 1994 beschriebenen Halsbandleguan in der Literatur zu finden. Grismers Halsbandleguan ist sehr eng verwandt mit dem auch in relativer geographischer Nähe vorkommenden Mohave–Halsbandleguan *Crotaphytus bicinctores*. Auch diese Ähnlichkeit hat sicher eine frühere Beschreibung des Tieres verhindert. Bereits im Jahre 1905 wurde ein Tier der Population von dem amerikanischen Herpetologen E. Gᴏʟᴅᴍᴀɴ auf einer seiner zahlreichen Exkursionen nach Baja California gesammelt, doch erkannte er noch nicht die Eigenheiten, die diese Art von den anderen bekannten Arten abspaltet (MᴄGᴜɪʀᴇ 1994).

Beschreibung: Bei dieser Art handelt es sich um den kleinsten Halsbandleguan. MᴄGᴜɪʀᴇ (1996) gibt für große Männchen eine KRL von maximal 99 mm, für das größte von ihm gesammelte Weibchen eine KRL

Abb. 155. *Crotaphytus grismeri* ist der kleinste Halsbandleguan (Sierra de Los Cucapás, Baja California. Foto: B.D. Hollingsworth

Abb. 156. Kopfportrait von *C. grismeri*.
Foto: W. Wells

Abb. 157. Kopfansicht von oben (*C. grismeri*).
Zu beachten sind die typischen grünlichen
Einlagerungen im Bereich zwischen vorderem
und hinterem Halsband.   Foto: W. Wells

von 83 mm an. Die GL wird damit bei 28 cm für große Männchen und bei 25 cm für große Weibchen liegen. Grismers Halsbandleguan besitzt eine braune Grundfarbe. Die Kopfoberseite von *C. grismeri* ist cremegelb und weitgehend zeichnungslos. Männchen zeigen im hellen Zwischenbereich des deutlich ausgeprägten Doppelhalsbands grüne Farbeinlagerungen. Oft erscheint diese Zone im ganzen grünlich. Das vordere Halsband geht im Bereich der Kehle in einen schwarzen bis kobaltblauen Kehlfleck über und ist über diesen komplett geschlossen. Auch im Nackenbereich ist es verbunden, hier findet sich direkt an den Verbindungsstellen

jeweils ein heller Fleck und oftmals ein Sanduhr ähnliches bis x-förmiges Zeichnungselement, welches das vordere und hintere Halsband verbindet. Das hintere Halsband endet oberhalb der Vorderbeine. Außerhalb des kobaltblau gefärbten Kehlflecks sind die hellen Kopfseiten mit dunkelbraunen stark kontrastierenden Tupfen bedeckt.

Die Grundfärbung des Körpers besteht bei den Männchen aus einem hellen Olivbraun, es sind keine andersfarbigen Querbänder vorhanden, einzig einige rehbraune Punkte können eingefügt sein. Weiter sind einige weiße Punkte über den Körper gestreut. Die Vorderbeine sind einfarbig beigegelb gefärbt und tragen keine Flecken oder Zeichnung. Heranwachsende Männchen entwickeln auf der Körperunterseite vor den Hinterbeinansätzen sehr stark ausgeprägte und große, sich an den Bauchflanken entlangziehende schwarze oder dunkelbraune Inguinalflecken. Der seitlich stark zusammengepresste Schwanz der Männchen trägt an der Oberseite einen auffälligen breiten und weißen Streifen, der mit vergrößerten Körnerschuppen bedeckt ist. Der deutlich ausgebildete helle Streifen auf dem Schwanz ist auch bei den Jungtieren in beiden Geschlechtern deutlich sichtbar. Weibchen und Jungtiere besitzen einen runden Schwanz. Dieser und die Hinterbeine zeigen bei den erwachsenen Weibchen eine auffallende orangene Farbe.

Bei allen Weibchen die MᴄGᴜɪʀᴇ (1994) fand, konnte er an den Körperseiten drei sehr große, tiefschwarze Flecken erkennen, die von einem auffälligen weißen Rand umringt waren. Die Weibchen sind jedoch im allgemeinen wesentlich farbloser als die Männchen. Neben der orangenen Schwanz- und Hinterbeinfärbung zeigen sich in der Trächtigkeitszeit orangerote Querbarren an den Körperflanken. Auf mehreren Fotos die WᴇʟʟS im Biotop aufnehmen konnte, waren bei einigen scheinbar semiadulten Männ-

103

chen, ähnlich wie von McGUIRE bei Weibchen beschrieben, 3 blasse und verschwommene dunklere Flecken auf mittlerer Körperhöhe deutlich zu sehen. Jeder Fleck mit einer weißen, kreisförmigen Umrandung, die aber jeweils in einzelne punktförmige Segmente zerfallen war. Die Tiere haben keine schwarz pigmentierten Schleimhäute.

Verbreitung, Lebensraum und Lebensweise: McGUIRE (1996) beschrieb diesen hübschen kleinen Halsbandleguan von den abgetrennt liegenden und sich 70–100 km von Nordwest nach Südost hinziehenden und meist nur 10 km breiten beiden Gebirgszügen der Sierra de Los Cucupás und der Sierra El Mayor, im äußersten Norden des mexikanischen Bundesstaates Baja California. Dieser Gebirgszug besteht hauptsächlich aus Granit. Im Westen und Süden trennt die Niederung der Playa Laguna Salada die beiden Gebirgszüge von den benachbarten Gebirgszügen der Sierra Juárez, Sierra las Tinajas und Sierra las Pintas, die von dem Niederkalifornischen Halsbandleguan *C. vestigium* bewohnt werden. Die Playa Laguna Salada ist ein Überschwemmungsgebiet, das gelegentlich in

Abb. 159. *C. grismeri* im natürlichen Lebensraum.   Foto: W. Wells

erdgeschichtlicher Zeit durch das Salzwasser des kalifornischen Golfs überschwemmt wurde. Die meist langjährig völlig trocken liegende Niederung ist mit einer aus Sedimenten und Salzen bestehenden und oftmals durch die Trockenheit aufgerissenen völlig ebenen Kruste bedeckt. Dieser Umstand und das dadurch bedingte Fehlen geeigneter Aufenthaltsorte für die beiden streng felsbewohnenden benachbarten Halsbandleguanarten, ermöglichte erst die komplette Isolierung des Herkunftsgebiets und die Entstehung dieser, ein so kleines Areal bewohnenden, Echsenart. Es existieren keine Angaben zur Ernährung der Tiere, doch ist von einer Ernährung wie bei den anderen Arten aus zu gehen.

Pflege und Zucht: Die Tiere sind offensichtlich noch nicht längere Zeit in menschlicher Obhut gehalten worden. Daher liegen über eine erfolgreiche Haltung und Zucht keine Angaben vor.

Jahreszeitlicher Rhythmus, Fortpflanzung: Nach McGUIRE (1994) bewohnen die Echsen alle Höhenstufen der nur 100 bis 200 m aufragenden Höhenzüge und sind nach WELLS (persönliche Mitteilung) im Frühjahr nicht selten zu beobachten. WELLS konnte die Art regelmäßig auf den höheren

Abb. 158. Verbreitung (Sternsymbol) von *C. grismeri* nach McGUIRE (1996).

Plätzen der das ganze Gebirge überziehenden Geröllfelder beobachten. Auch zum Aktivitätszyklus macht McGuire einige Angaben. Danach sind die Tiere von Anfang März bis Anfang November aktiv. Ein letztes Tier wurde von ihm am 12. November beobachtet. McGuire wies aber darauf hin, dass es sich bei dem Tier um ein trächtiges Weibchen handelte und daher seiner Ansicht nach von einer längeren jährlichen Aktivitätsphase ausgegangen werden kann. Es besteht aber nach meiner Ansicht durchaus die Möglichkeit, dass auch trächtige Weibchen in Überwinterung gehen. Solches ist bei einem in meiner Obhut lebenden Weibchen von *C. collaris* ebenfalls ohne Komplikationen vorgekommen, wie auch bei einem erst kurz eingewöhnten Weibchen von *C. vestigium*. Diese Tiere schienen längere Zeit bis in den späten Herbst hoch trächtig, doch war zum Zeitpunkt der Überführung in das Winterquartier davon auszugehen, dass die bereits gebildeten und sich bis dahin deutlich abzeichnenden Eier langsam wieder rückgebildet bzw. resorbiert wurden. Weitere trächtige Weibchen konnte McGuire im Frühjahr (Mai) beobachten. Er geht daher von mindestens zwei Eiablagen im Jahr aus. Über die Eizahlen und eventuelle Besonderheiten bei der Ablage ist nichts bekannt. Hier ist von ähnlichen Eizahlen wie bei *C. bicinctores* auszugehen.

Jungtiere mit einer Kopf–Rumpf–Länge zwischen 50 und 63 mm beobachtete McGuire zur Septembermitte, zu einer Zeit, in der meist keine Erwachsenen mehr aktiv waren. Die im Verhältnis zur Größe der Erwachsenen sehr großen Kopf–Rumpf-Längenangaben für die von ihm beschriebenen Jungtiere lassen aber den Schluss zu, dass McGuire in den Herbstmonaten keine Schlüpflinge, sondern mehrheitlich schon halbwüchsige Tiere beobachten konnte.

Crotaphytus insularis

VAN DENBURGH & SLEVIN 1921

deutsch: Angel de la Guarda–Halsbandleguan
englisch: Angel Island Black–collared Lizard

Terra typica: East coast of Angel de la Guardia island seven miles north of Pond island, Golf von Kalifornien, Mexiko

Die wissenschaftliche Bezeichnung deutet auf das Verbreitungsgebiet dieser schon sehr früh beschriebenen Art hin und wurde von dem lateinischen Wort insula für Insel hergeleitet.

Allgemeines: *C. insularis* ist auf der von ihm bewohnten Insel endemisch. Somit ist der Angel de la Guarda Halsbandleguan der einzige, der eine ausschließlich auf eine Insel im Golf von Kalifornien beschränkte Verbreitung aufweist. Außer der Insel Angel de la Guarda wird auch die große Nachbarinsel Tiburón von einer eigenen Halsbandlegunanart, *C. dickersonae*, bewohnt. Dieser besitzt jedoch im Gegensatz zu *C.*

Abb. 160. Verbreitung (Sternsymbol) von *C. insularis* nach McGuire (1996).

105

insularis noch ein außerhalb der Insel gelegenes Verbreitungsgebiet auf dem mexikanischen Festland. Nach der Beschreibung der Art im Jahre 1921 wurden zwei andere Formen dieser Art als Unterarten beigestellt. Inzwischen wurden diese aber als valide Arten erkannt. Es handelte sich um die heute als *C. vestigium* und *C. bicinctores* bekannten Festlandarten. Noch heute wird *C. bicinctores* oftmals fälschlicherweise unter dem Namen *C. insularis* im zoologischen Fachhandel verkauft. Da *C. insularis* wie andere mexikanische Reptilien und Amphibien nur in Ausnahmefällen mit entsprechender Sondergenehmigung gesammelt und exportiert werden darf, können diese Echsen kaum nach Europa gelangen.

Beschreibung: Der Angel de la Guarda–Halsbandleguan gehört zweifellos zu den etwas größeren Arten der Gattung. Die Art zeigt einen deutlichen Sexualdimorphismus, Männchen sind deutlich größer als Weibchen. Die KRL wird mit 120 mm für die Männchen, mit 104 mm für die weiblichen Tiere angegeben. Die GL mit knapp 350 mm und 250 mm (McGuire 1996, McPeak 2000). Van Denburgh & Slevin (1921) beschrieben die Tiere wegen ihrem gegenüber *C. collaris* schmaleren und längeren Kopf sowie dem

meist fehlenden hinteren, zum Körper weisenden Halsband als eigenständige Art. Die Grundfarbe der Männchen und Weibchen ist hell bis dunkelbraun. Kopf, Beine und Schwanz haben eine hellere Grundfarbe als der Körper und sind dunkel gepunktet. Daher wirken diese Körperteile wie mit einem Netz aus helleren Linien überzogen.

Die Kopfoberseite ist weitgehend zeichnungslos. Das vordere Halsband ist an der Kehle geschlossen. Das hintere Halsband ist in Auflösung begriffen, meist nicht vorhanden. Bei einigen Weibchen lösen sich beide schwarzen Halsbandringe mit zunehmendem Alter auf. Wenn vorhanden, ist das hintere Halsband in der Nackengegend weit geöffnet. Der Kehlfleck der Männchen ist schiefergrau, oftmals mit olivgrünem Anflug. Er besitzt ein schwarzes Zentrum. Auf der Körperoberseite befinden sich in Querreihen angeordnete helle Flecken und feine, unterbrochene Linien, die oft nach vorn geöffnete Taschen bilden. Der Schwanz der männlichen Echsen ist seitlich stark zusammengedrückt und weist an seiner Oberseite eine auffällig breite, cremefarbene zeichnungslose Linie auf. Weiter bekommen sie mit zunehmendem Alter stark ausgeprägte und oft sehr langgezogene Inguinalflecken.

Einige Männchen besitzen auch größere schwarze Flecken hinter den Vorderbeinen. Flanken und Brust sind olivgrün gefärbt, eine Zeichnung, die sich sehr von der braunen Körperoberseite abhebt. Es ist nach McGuire (1996) nicht klar, ob diese Brustfärbung nur während der Fortpflanzungszeit besteht. Weibchen sind etwas unscheinbarer gefärbt, doch ist die Grundfärbung und Zeichnung identisch. Es fehlen jedoch die typisch männlichen Zeichnungselemente wie Kehlfleck, Inguinalflecken, Brustfärbung und der helle Streifen auf der Oberseite des Schwanzes. Rote Barren während der Fortpflanzungszeit sind wie bei allen anderen weiblichen Halsbandleguanen bei Trächtigkeit vorhanden. Die Tiere haben kein schwarzes Pigment in der Innenseite des Maules.

Verbreitung, Lebensraum und Lebensweise: Obwohl die Art schon lange bekannt ist, ist über *C. insularis* bisher kaum etwas veröffentlicht worden. Angel de la Guarda ist nach Tiburón die zweitgrößte im kalifornischen Golf gelegene Insel und wurde zum Zeitpunkt der letzten großen Eiszeit vom Festland der Halbinsel abgetrennt. Ihr höchster Punkt wird mit 1316 m NN angegeben. Nach MCGUIRE (1996) ist die Vegetation der Insel extrem spärlich. Die Tiere sind daher an ein sehr trockenes Gelände angepasst. MCGUIRE konnte erwachsene Tiere auf vereinzelten vulkanischen Gebirgszügen finden. Über die Nahrungsaufnahme ist nichts bekannt, es kann davon ausgegangen werden, dass die Art ein den anderen Halsbandleguanarten entsprechendes Beutespektrum besitzt.

Pflege und Zucht: Es sind keine Berichte über eine Haltung der Art in menschlicher Obhut bekannt.

Jahreszeitlicher Rhythmus, Fortpflanzung: Hierzu liegen keine Beobachtungen vor, einzig MCGUIRE (1996) erwähnt die Beobachtung von Tieren aller Altersgruppen und Geschlechter zum Ende des Monats Juni. Ein Weibchen war zu dieser Zeit trächtig.

Crotaphytus nebrius

AXTELL & MONTANUCCI 1977

deutsch: Sonora–Halsbandleguan
englisch: Sonoran collared Lizard

Terra typica: 14 km by road N. Rancho Cieneguita, Sonora, Mexiko

Der Name nebrius ist eine treffende Herleitung von dem griechichen nebrias, was soviel wie gefleckt bedeutet. Es ist eine Anspielung auf die recht großen hellen Flecken auf dem Rücken der Tiere, ähnlich einem Rehkitz (AXTELL & MONTANUCCI 1977).

Allgemeines: Es handelt sich um eine Art, die längere Zeit als Unterart *C. collaris* zugestellt war. Nach ihrer Beschreibung im Jahr 1977 durch AXTELL & MONTANUCCI wurde sie erst 19 Jahre später noch einmal neu überarbeitet und von MCGUIRE (1996) in den Artstatus erhoben. Verschiedentlich wurden diese Tiere als Bastardform zwischen *C. collaris* und *C. dickersonae* angesehen, da ihr Lebensraum zwischen den Verbreitungsgebieten dieser beiden Arten

Abb. 162. *Crotaphytus nebrius* (Pima County, Arizona). Foto: R. Bartlett

liegt und Besonderheiten in der Zeichnung des Halsbands scheinbar zwischen diesen vermitteln.

Beschreibung: MCGUIRE (1996) gibt eine KRL von 112 mm für die Männchen und eine KRL von 98 mm für die Weibchen an. Angaben für die GL macht er nicht. AXTELL & MONTANUCCI (1977) geben beim Typusexemplar eine KRL von 105,4 mm und eine SL von 213 mm an, woraus sich eine GL von ca. 318 mm ergibt. Demnach gehört die Art zu den Halsbandleguanen mittlerer Größe. Die Körperfarbe der Männchen variiert von Strohgelb zu einem hellen Braun. Die Weibchen sind meist dunkler gefärbt. Farbschattierungen lassen die Farben etwas verwaschen erscheinen. Von allen anderen Halsbandleguanen unterscheidet sich die Art durch die großen hellen Flecken auf dem braunen Körper, die auf dem Rücken bis zu 3 mal länger als die hellen Flecken an den Seiten des Körpers sein können. Die Kopfoberseite ist einfarbig fahl gelbbraun, der Kehlfleck hellgrau bis graubraun, manchmal ins Bläuliche übergehend, sehr oft ist er gelblich überzogen. Der Kehlfleck

nimmt oft den ganzen Unterkiefer ein. In einigen Regionen ist er genetzt, im größten Teil des Verbreitungsgebiet, vor allem im Süden, mit hellen großen Punkten übersät. Der Kehlfleck hat kein schwarzes Zentrum. Das Doppelhalsband ist deutlich ausgebildet, das hintere am Rücken geschlossen. Das vordere ist bei erwachsenen Männchen an der Kehle geschlossen, es durchläuft die Unterseite des Halses im Bereich der Kehlfalte als sehr dünne schwarze Binde. Die Männchen haben zur Fortpflanzungszeit eine orangegelb gefärbte Brust; diese auffällige Färbung zieht sich auch an den Flanken ähnlich der Trächtigkeitszeichnung der Weibchen in einigen Streifen auf den Rücken hinauf. Dieses Merkmal ist besonders im Westen des Verbreitungsgebiets zu finden und verschwindet nach der Paarungszeit. Ein dunkler Inguinalfleck ist am Hinterbeinansatz der Männchen gewöhnlich vorhanden, aber sehr klein im Verhältnis zu dem anderer

108

Abb. 164. Trächtiges Weibchen von *C. nebrius* im Terrarium.   Foto: W. Wells

Abb. 165. Kopfportrait eines männlichen *C. nebrius*.   Foto: W. Wells

Arten, die dieses Merkmal aufweisen. Sehr oft haben die Tiere hinter den Vorderbeinen einen großen schwarzen Fleck an den Körperflanken. Der runde, nur unwesentlich seitlich abgeplattete Schwanz trägt an seiner Oberseite keinen hellen Vertebralstreifen. WELLS (pers. Mitteilung) konnte auch bei dieser Art Weibchen mit gelber Schwanzfärbung finden. Den Weibchen fehlen der Kehlfleck, die Axillarflecken, Inguinalflecken und die gefärbte Brust. Ihr vorderes Halsband ist nicht an der Kehle geschlossen. Seitlich des Kloakenspalts zeigen die meisten Weibchen je einen dunklen

Fleck. Dieser ist auch bei Schlüpflingen weiblichen Geschlechts schon deutlich sichtbar und kann, wie die bei den Männchen schon deutlich erkennbaren vergrößerten Präanalschuppen, zur sehr frühen Geschlechtsbestimmung herangezogen werden. Die Innenseite des Maules der Tiere ist ausgedehnt schwarz pigmentiert.

Verbreitung, Lebensraum und Lebensweise: Die Art bewohnt einen großen Teil der mexikanischen Sonorawüste, längs der parallel zur Küste verlaufenden Gebirgsketten. Im Norden kommt sie bis in die parallel der Staatengrenze verlaufenden Berge der Pinacate Region vor und erreicht damit die Vereinigten Staaten und den Gila River. Im Osten wird die Art bis in die Nähe von Tucson gefunden. Gemeinsame Fundpunkte mit *C. collaris* und *C. bicinctores* sind bisher noch nicht bekannt geworden, doch kommen sich alle drei Arten an verschiedenen Punkten sehr nahe. Wie alle anderen Halsbandleguanarten, außer *C. reticulatus,* ist *C. nebrius* streng felsbewohnend. Sie ist ein Bewohner der heißen unteren Sonorazone und wird im Gebirge nur bis zu einer Höhe von ca. 1100 m gefunden

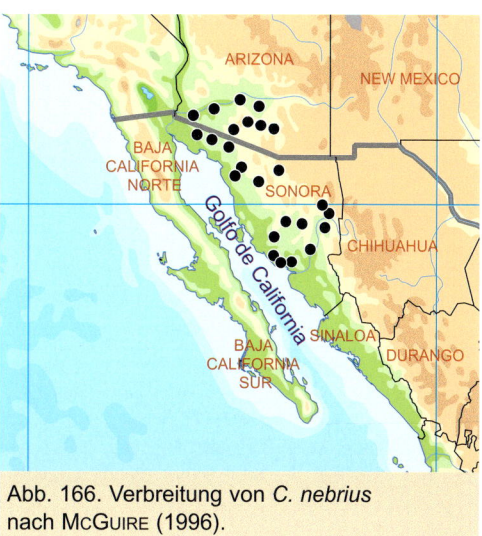

Abb. 166. Verbreitung von *C. nebrius* nach MCGUIRE (1996).

109

(AXTELL & MONTANUCCI 1977). Die bewohnten Bereiche werden als tropisch trockene Dornbuschsavanne beschrieben. Im Süden werden die Talsohlen von tiefen Flusstälern und jahreszeitlich austrocknende Bachläufe bevorzugt. Im Norden auch besonders trockene Granitgebirge (MCGUIRE 1996). Einige abgelegene Gebirgszüge im Inneren ihres Verbreitungsgebiets scheint die Art nicht erreicht zu haben, doch scheint sie sich von Süden her längs von größeren Flussläufen einen Weg in dieses sonst unbewohnte Areal zu schaffen. Es werden viele geeignete Habitate im äußersten Osten und Süden des Verbreitungsgebiets bewohnt, offenbar auch die humideren Bereiche um das besonders trockene zentrale Sonora herum (AXTELL & MONTANUCCI 1977, MCGUIRE 1996). Zur Pflanzenwelt dieses Bereichs werden an keiner Stelle Angaben gemacht, sie wird der typischen Vegetation der unteren Sonorazone entsprechen und sich hauptsächlich aus Angehörigen der Kakteen wie den großen Säulenkakteen Saguaro *Cereus giganteus*, Orgelpfeifenkaktus *Cereus thurberi*, verschiedenen Kugelkakteen *Ferocactus* spp., *Echinocereus* spp. und Opuntien *Opuntia* spp. zusammensetzen. Als typische Büsche dieses Bereichs sind der auffällige keine Blätter ausbildende, aber grüne Zweige besitzende, Palo Verde *Cercidium floridum*, der Ocotillo *Fouquieria* spp. und die schon aus anderen Bereichen bekannten Cresotebüsche *Larrea* spp. zu nennen.

Pflege und Zucht: Die Art ist wie *C. collaris* zu halten und zu versorgen und wurde in den letzten Jahren auch verschiedentlich nach Deutschland importiert. Hier liegen jedoch noch keine Haltungsberichte vor. WELLS (pers. Mitteilung) konnte diese Art schon mehrfach zur Nachzucht bringen. Er überwintert die Tiere trotz ihrer südlichen Verbreitung. Im Frühjahr und Sommer konnte er bis zu 5 Gelege pro Weibchen zählen. Die Gesamtzahl der Eier war jedoch eher niedrig, es wurden meist nur 3 oder 4

Eier bei einer Ablage abgesetzt. Die Eier wurden in feuchtem Sand abgelegt und in Vermiculite gezeitigt. Die Zeitigungstemperatur lag wie bei den anderen von ihm gehaltenen Arten zwischen 28 und 30,5°C. Jungtiere schlüpften zwischen 50 und 60 Tage nach der Ablage. In den USA ist die Art im Terrarium schon erfolgreich mit *C. dickersonae* und *C. collaris* gekreuzt worden (WELLS pers. Mitteilung). Daher sollte eine Zusammenhaltung mit Halsbandleguanen anderer Arten unbedingt unterbleiben.

Jahreszeitlicher Rhythmus, Fortpflanzung: Es wird trotz der südlichen Verbreitung im Herbst und Winter eine deutliche Ruhephase von den Tieren eingehalten. Erste Beobachtungen konnten in verschiedenen Jahren zwischen Mitte März und Mitte April gemacht werden, zu diesem

Zeitpunkt waren die Tiere teilweise noch mit einer Erdkruste durch die Überwinterung bedeckt. Erste Paarungen finden im Mai statt und ziehen sich mindestens bis in den Juni hinein. McGuire (1996) beobachtete auch eine Paarung mit einem Weibchen, das die volle Trächtigkeitsfärbung zeigte. Jungtiere die eine KRL von knapp 40 bis 45 mm aufwiesen, konnten in der Zeit von Juli bis September gefunden werden. Letzte Beobachtungen von erwachsenen Tieren stammen aus der Zeit um Mitte August. Es ist durchaus möglich, dass erwachsene Tiere bis in den September, Jungtiere bis in den Oktober oder November aktiv sind (McGuire 1996).

Abb. 167. Lebensraum von *C. nebrius* (Sonora, Mexiko).   Foto: R.R. Montanucci

Crotaphytus reticulatus

(Baird 1859)

deutsch: Genetzter Halsbandleguan
englisch: Reticulated Collared Lizard

Terra typica: "Laredo and Ringgold Barracks, Starr County, Texas," USA

Der Name reticulatus bezeichnet treffend die auf dem Körper und der Kehle der Tiere deutlich hervortretende weiße Netzzeichnung (lat. reticulatus = genetzt).

Allgemeines: *C. reticulatus* ist nicht nur die größte bekannte Halsbandleguanart, er unterscheidet sich in mancherlei Hinsicht stark von den anderen Arten. Zum Einen ist es die in einigen Bereichen abweichende Ökologie, zum anderen sind es einige deutliche körperliche Differenzen, wodurch sich die Tiere von den anderen Halsbandleguanarten abgrenzen. Besonders fällt der geringe Sexualdichromatismus zwischen Männchen und Weibchen auf. Auch weitere Körpermerkmale wie z. B. die beiden Geschlechtern fehlenden Milbentaschen oder das Fehlen von vergrößerten Postanalschilder bei den Männchen, unterscheiden die Art von den anderen Halsbandleguanen. Als ökologische Besonderheit bevorzugt *C. reticulatus* einen Flachlandlebensraum, in dem Steine und Felsen weitgehend fehlen. Ebenso kann ein von den anderen Arten abweichendes Fluchtverhalten beobachtet werden. Einige dieser Punkte lassen auffällige Gemeinsamkeiten mit der nahe verwandten Gattung der Leopardleguane *Gambelia* erkennen. Daher wird der Art heute eine Stellung eingeräumt, die sie als stammesgeschichtlich frühe Form kennzeichnet.

Beschreibung: Der Genetzte Halsbandleguan ist die größte Art der Gattung und kann Gesamtlängen von bis zu 42,5 cm

Abb. 168. *C. reticulatus* (Männchen aus Zapata County, Texas). Foto: R.D. Bartlett

erreichen (BEHLER & KING 1979). Die maximale KRL wird von MCGUIRE (1996) mit 12,2 cm für männliche und 11,8 cm für weibliche Tiere angegeben. MONTANUCCI (1971) beschreibt ein außerordentlich großes Tier mit einer KRL von 13,7 cm. Der Kopf der Tiere wirkt gegenüber dem schmalen Hals außerordentlich breit. Die kräftigen Hinterbeine sind doppelt so lang wie die Vorderbeine. Ein auffälliger Geschlechtsdichromatismus und -dimorphismus wie bei den anderen Arten besteht nicht, sieht man von einigen Unterschieden in der Ausbildung des Halsbands und der Färbung der Körperunterseite während des Fortpflanzungszeitraums einmal ab. Selbst die sonst allen Halsbandleguanarten eigenen vergrößerten Postanalschuppen der Männchen fehlen (SMITH 1971). Die den anderen Arten gemeinsamen Milbentaschen hinter den Vorder- und den Hinterbeinen fehlen ebenso. Die graubraune bis rötlichbraune Grundfarbe von Kopf und Körper ist auf dem Rücken mit einem lockeren Netz aus dünnen hellen Linien überzogen. Dieses Netzwerk teilt die Zeichnung des Rückens und der Körperseiten in große, abgerundete Zellen auf. In sieben oder acht Querreihen stehen einige locker verteilte tiefschwarze Flecken, jeder einzelne weiß umsäumt. Auf der Rückenmitte verbindet sich das helle Netzwerk zu einem dünnen Band. Das vordere Halsband ist in der Nackengegend weitgehend geöffnet. Beide Bänder sind zu einzelnen Flecken zerrissen, jeder Fleck wird von einer dünnen weißen Linie eingerahmt. Bei weiblichen Tieren ist oftmals kein Doppelhalsband vorhanden, da sich das vordere mit zunehmendem Alter auflöst. Das Halsband der Männchen ist im Bereich der Kehle komplett geschlossen. Ein zentraler, relativ großer und olivgrüner Fleck mit schwarzem Zentrum bedeckt die Kehle. Dieser Kehlfleck ist in der Fortpflanzungszeit von einer breiten, goldgelben Zone umrahmt, die sich auch weit auf Brust und Vorderbeine zieht.

112

Der Kehlfleck ist mit einer feinen Netzzeichnung aus dicht stehenden hellbraunen
Flecken umsäumt. Sie sind strahlenförmig
angeordnet und laufen vom Kehlfleck zu
den Unterlippenschildern. Weibchen zeigen
oftmals eine rosafarbene Kehle. Im Frühjahr und Sommer weisen sie während der
Trächtigkeit orangerote Flecken und Barren
an den unteren Flanken sowie im Halsbereich auf. Außerhalb der Fortpflan-
zungsperiode ist die Unterseite beider
Geschlechter cremefarben. Männchen besitzen an den Hinterbeinen eine Reihe von
schwarzen Femoralporen, auch das daraus
abgesonderte Sekret ist schwarz. Inguinalflecken fehlen der Art komplett. Der
Schwanz ist bei beiden Geschlechtern kreis-
rund. Schaut man den Tieren in das offene
Maul, erkennt man ausgedehnte und kräftig
schwarz pigmentierte Schleimhäute.
Jungtiere haben eine hellgraue Grundfarbe,
ihr Rücken zeigt gelbe und orangene
Querstreifen wechselnd mit Reihen schwarzer Flecken.

Verwechslungen: der aus der mexikanischen
Provinz Coahuila stammende *C. antiquus*
weist eine große Ähnlichkeit in der
Zeichnung auf, weiter besitzt er wie *C. reti-*
culatus schwarze Femoralporen. Vom
Habitus gleicht die östliche Form von *C. col-*
laris dem genetzten Halsbandleguan sehr.

Abb. 169. *C. reticulatus* (Männchen aus
Maverick County, Texas). Zu beachten ist die
goldgelbe Färbung von Brustkorb und Kinn.
Foto: R.R. Montanucci

Abb. 170. *C. reticulatus* (Weibchen aus
Maverick County, Texas). Zu beachten ist das
fast komplett aufgelöste Halsband und die
roten Trächtigkeitsflecken.
Foto: R.R. Montanucci

Abb. 171. Kopfunterseite von *C. reticulatus;*
Männchen mit typischem Kehlfleck und
geschlossenem Halsband (Zapata County,
Texas). Foto: R.D. Bartlett

113

Verbreitung, Lebensraum und Lebensweise: *C. reticulatus* bewohnt das extrem südliche Texas und das angrenzende Mexiko im Einzugsbereich des Rio Grande Valley. Ihr Lebensraum reicht von der texanischen Ortschaft Mission bis zum Eagle Pass (SMITH 1971). Diese Region wird auch als "Tamaulipan–Region" bezeichnet. Laut MONTANUCCI (1971) liegt die westliche Verbreitungsgrenze bei Muzquitz im Bundesstaat Coahuila, Mexiko, doch ist dieser Fundort wie auch ein Fundort an der Grenze der mexikanischen Bundesstaaten Tamaulipas und San Luis Potosi bei anderen Autoren sehr strittig (MCGUIRE 1996). Das Verbreitungsgebiet wird im Norden vom kühleren Edwarts Plateau, im Westen von der Sierra Madre Oriental und zum Golf von Mexiko von der feuchtheißen Küstenzone eingerahmt. Im Süden endet es nördlich der mexikanischen Großstadt Monterrey. Die feuchtheiße Küste des Golfs von Mexiko wird wegen der größeren Regenmenge gemieden.

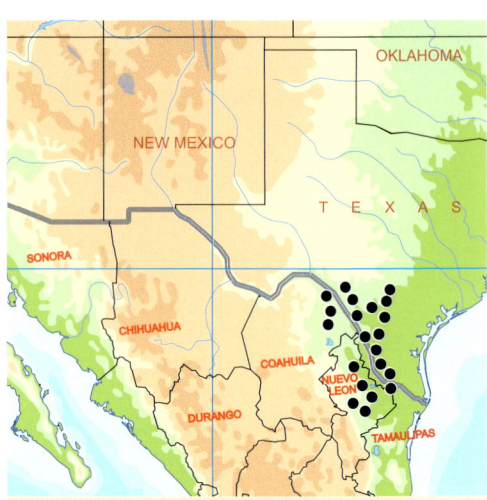

Abb. 172. Verbreitung von *C. reticulatus* nach MCGUIRE (1996).

Abb. 173. Lebensraum von *C. reticulatus* (Tamaulipan, Webb County, Texas).
Foto: R.R. Montanucci

SMITH (1971) bezeichnet die Verbreitung des Genetzten Halsbandleguans als außergewöhnlich und seltsam. Bei näherer Betrachtung fallen einige bemerkenswerte Unterschiede zu den Lebensräumen der anderen Halsbandleguanarten auf. Alle anderen Halsbandleguane sind streng felsbewohnend und meiden offenes Grasland und Ebenen. *C. reticulatus* bevorzugt einen Flachlandlebensraum, die texanische Dornbuschsavanne. Die Pflanzenwelt setzt sich zum größten Teil aus dem Mesquite–Busch *Prosopis glandulosa*, verschiedenen Arten von Akazien, (*Acacia berlandieri, A. rigidula, A. tortuos*), Mimosen, dem Paloverde–Baum *Cercidium macrum* und einer Opuntienart, *Opuntia lindheimeri*, zusammen. Dieses sandige Buschland besitzt nur einige wenige vereinzelte Steinhaufen, oft weit entfernt vom nächsten wirklich felsigen Habitat. Der Genetzte Halsbandleguan gräbt sich dort als Zufluchtsort Höhlen und Gänge unter Buschwerk und Unterholz. SMITH (1971) beobachtete die Art am Rande eines jahres-

114

zeitlich austrockenden Flußlaufs im Süden von Texas, einem dem "Tamaulipan" (Überflutungsbuschland) zuzurechnenden Gebiet. Wegen schnell ansteigendem Flutwasser flüchteten die Tiere schnell von Gebüsch zu Gebüsch und mussten schließlich ihren Lebensraum verlassen. Solche Überflutungen sind ein typisches Phänomen dieses Gebietes und werden durch oft weit entfernt stattfindende heftige Regenfälle verursacht. SMITH (1971) führt einen Bericht von BROWN an, dieser berichtete sinngemäß: "Während kaltem Wetter findet man die Tiere mit seitlich aufgerolltem Schwanz in kleinsten Unterschlupfen, kaum größer als sie selbst. Diese liegen meist unter einzelnen Steinhaufen und die Aufenthaltskammer ist immer mit einem kleinen Gang nach außen verbunden. Sind die Tiere in ihrem Bau, wird der Gang sorgsam mit loser Erde nach außen verschlossen." Bei warmen Wetter waren am Tag keine Tiere in ihren Unterschlüpfen zu finden. Wenn es nötig war, flüchteten die Tiere auch nicht in ihre Bauten, sondern wählten Büsche, insbesondere Opuntiendickichte, Holz- oder Reisighaufen sowie Bauten der Packratte, um sich zu verbergen. Die Tiere verhielten sich sehr scheu und bissen heftig, wenn sie ergriffen wurden. In Gefangenschaft seien die Tiere "nicht dazu zu bewegen Nahrung und Wasser zu sich zu nehmen."

MONTANUCCI (1971) konnte die Tiere regelmäßig auf Zaunpfählen oder auf Ästen von Mesquite–Büsche beobachten. Von dort genießen sie eine ähnlich gute Übersicht, wie sie auch auf den hohen hervorragenden Felsen der felsbewohnenden Verwandtschaft üblich ist. Die Bodenbeschaffenheit bezeichnete er als mit Sand versetzen Lehmboden. Nähert man sich den Tieren, verharren sie meist regungslos an ihren Plätzen. Potentielle Feinde lassen sie bis auf wenige Meter an sich herankommen, um dann zu versuchen, in großen Sätzen unter nahegelegene Büsche zu entkommen. Dort versuchen sie regungslos zu verharren.

Abb. 174. *C. reticulatus* versteckt sich im Gebüsch (Zapata County, Texas).
Foto: R.D. Bartlett

Nahrung: Der Großteil der Nahrung besteht aus Insekten, besonders Geradflüglern wie Heuschrecken (Orthoptera) und Käfern (Coleoptera). Weiter wurden in den Mägen der Tiere Gottesanbeterinnen, Spinnen [Taranteln (*Eurypelma* spp.)] und Wolfspinnen (*Lycosidae* spp.) gefunden. Vor allem die häufigen kleinen, in mehreren Arten vorkommenden Rennechsen (*Cnemidoporus* spp.) und kleine Stachelleguane (*Sceloporus spp.*) fallen den großen Echsen zum Opfer. Weiter werden auch kleinere Schlangen und Nagetiere (*Peromyscus*?) genannt. An pflanzlicher Nahrung werden die auch von anderen Halsbandleguanarten gefressenen Beeren des Lycium–Busches gefressen. In vielen Mägen fand sich zudem Sand. Es wird bei den Untersuchungen angemerkt, daß die Tiere offensichtlich eine Vorliebe für besonders große, hell und auffallend gefärbte Nahrung haben. Offensichtlich widerstrebt es den Tieren nicht, giftige oder auch stechende Insekten zu fressen (KLEIN 1951, MONTANUCCI 1971).

115

Pflege und Zucht: Offenbar sind die Tiere noch nicht über längere Zeit in menschlicher Obhut gehalten und planmäßig gezüchtet worden, obwohl laut MONTANUCCI (1971) Fänger diese zur Zeit seiner Beobachtungen regelmäßig eingesammelt haben. Direkt nach einer Paarung gefangene Weibchen wurden seziert und wiesen alle große Fettreserven und nur kleine Folikel im Eileiter auf. Während der schnellen Entwicklung der Eier im Ovidukt konnte MONTANUCCI an weiteren untersuchten Exemplaren eine deutlich gegensätzliche Entwicklung von Fettkörpern und Eigrößen nachweisen. Danach sind nach vollständiger Entwicklung der Eier praktisch keine Fettreserven mehr im Körper der Weibchen vorhanden.

Die einzigen Hinweise auf eine Haltung im Terrarium finden wir ebenfalls bei MONTANUCCI (1971), doch handelt es sich offenbar um kurzfristig bei ihm untergebrachte Tiere, die er kurz vor der zweiten Eiablageperiode im Juni einsammelte. Leider schreibt er nichts über die Einrichtung des Terrariums und die Ernährung der erwachsenen Tiere. Er bemerkt, dass durch eine Bevorratung von Spermien eine Paarung für die zweite Eiablageperiode nicht nötig sei. Gerade *Crotaphytus* sei unter den Leguanen bekannt für ihre Möglichkeit Spermien für eine spätere Befruchtung von Eiern zu speichern (CUELLAR 1966). Drei kurz vor der Eiablage gefangene Weibchen wiesen zwischen 8 und 11 voll entwickelte Eier auf, zwei weitere Tiere setzten in Gefangenschaft Eier ab (am 15. und 19. Juni 11 bzw. 9 Eier). MONTANUCCI (1971) errechnete insgesamt eine mittlere Gelegegröße von 9,8 Eiern. Die Eier waren 22-25 mm lang und wiesen einen Durchmesser von 14-16 mm auf. Vom 30. Oktober bis 1. November schlüpften aus dem zweiten Gelege die Jungtiere (KRL 34-37 mm), das erste Gelege kam nicht zum Schlupf. Die lange Zeitigungsdauer von über 4 1/2 Monaten wird von ihm mit einer offenbar zu niedrigen Bruttemperatur begründet, leider macht er keine weiteren Angaben hierzu.

Die bei MONTANUCCI (1971) geschlüpften Jungtiere haben seinen Angaben zufolge in den ersten zehn Lebenstagen allein Sandkörner aufgenommen, danach begannen sie Larven des Schwarzkäfers *Tenebrio molitor* zu fressen. Auch in der folgenden Zeit hätten sie regelmäßig Sandkörner aufgenommen, MONTANUCCI nahm an, dies begünstige den Aufbruch des Chitinpanzers der Insekten. Auch nach BEHLER & KING (1979) liegt die Fortpflanzungszeit in den Monaten April und Mai. Nach ihren Angaben liegen die Gelegegrößen ebenfalls bei 8 bis 11 Eiern und die Jungtiere schlüpften nach 60 bis 90 Tagen bei einer Gesamtlänge von ca. 9 bis 10 Zentimetern. Nach den angegebenen Eizahlen gehört *C. reticulatus* zweifellos zu den Arten mit größeren Gelegen, ähnlich *C. collaris*.

Jahreszeitlicher Rhythmus, Fortpflanzung: Bei seinen Studien stellte MONTANUCCI (1971) fest, dass die Tiere einem durch Aktivitätsphasen und Ruheperioden geprägten Sommer/Winter Rhythmus unterliegen. Nach der kühlen Jahreszeit können die ersten erwachsenen Tiere bereits zu Beginn des Februars beobachtet werden. Die Tiere verlassen im Frühjahr ihre Bauten schon in den frühen Vormittagsstunden. Kontrollen der Luft- und Substrattemperatur ergaben bei Lufttemperaturen um 28°C oftmals schon Substrattemperaturen um 34°C. Die Fortpflanzungszeit beginnt etwa Mitte April. Um diese Zeit sind erste Paarungen zu beobachten. Die Männchen zeigen zu diesem Zeitpunkt eine Prachtfärbung, ein goldgelb gefärbtes Kinn und einen ebensolchen Brustkorb. Trächtigen Weibchen weisen mindestens eine KRL von 85 mm auf und sind gut und sicher an ihren roten Flecken zu erkennen. Die Art produziert in der Natur mindestens zwei Gelege pro Jahr.

116

Abb. 175. Schlüpfling von *C. reticulatus* aus Webb Co; Texas).   Foto: R.R. Montanucci

Trächtige Weibchen sind durchweg in der Zeit von April bis Mai zu finden. Nach einer Unterbrechung von einigen Tagen Dauer, sind zum Juni meist wieder neue trächtige Weibchen zu beobachten. Die meisten Tiere sind im Monat Juni aktiv. Auch zu dieser sehr heißen Jahreszeit suchen alle Tiere in den frühen Morgenstunden ihre Sonnenplätze auf kleinen Steinen oder offenen Flächen zwischen den Dornbüschen auf. Zwischen 11 und 13 Uhr kann laut MONTANUCCI eine Aktivitätsspitze festgestellt werden. Er ermittelte zu dieser Zeit oft Bodentemperaturen zwischen 39 und 42°C. In den späteren Tagesstunden klettern die Tiere auf höher gelegene Zweige oder Pfähle, um gegen 17 Uhr langsam zu verschwinden. Auch in den Abendstunden bis 21 Uhr gibt es vereinzelte Sichtnachweise. Meist handelt es sich um schnell die Straße überquerende Tiere. Erwachsene Tiere verschwinden im Spätsommer zum Monatswechsel August/September. Jungtiere können noch weiter beobachtet werden, ziehen sich dann jedoch auch zurück. Einige Sichtnachweise konnten bei Jungtieren auch an besonders warmen Wintertagen in den Monaten November und Dezember gemacht werden; die Jungtiere kommen bei besonders warmem Wetter für kurze Zeit an die Öffnungen ihrer Bauten. *C. reticulatus* gehört nicht nur zu den Arten mit einem sehr südlich gelegenen Verbreitungsgebiet, sondern bewohnt durch seine Wahl des Lebensraums ein Gebiet, in dem kühle Luftmassen nur einen geringen Einfluss im Winter haben. Aus diesem Grund ist es bemerkenswert, daß die Tiere eine spätsommerliche Ruhephase mit anschließender Winterruhe durchführen. Dies sollte als Anlass genutzt werden, auch an dieser Stelle noch einmal darauf hinzuweisen, um wieviel wichtiger eine solche Ruheperiode danach für Tiere aus den anderen, durchaus winterkalten Regionen ist.

Bedrohung: Der Genetzte Halsbandleguan hat eines der wenigen Verbreitungsgebiete der Familie, das durch Urbanisierung, Landwirtschaft und Viehzucht zu einem großen Teil durch den Menschen vernichtet wurde. Außer der Vernichtung von Lebensraum durch die Landwirtschaft, gefährden auch eingeschleppte Pflanzen, wie ein exotisches Büffelgras, seinen noch verbliebenen Lebensbereich. Eingeschleppte Pflanzenarten verdrängen die ursprüngliche Vegetation und verändern damit den Lebensraum nachhaltig. Die untere Senke des Rio Grande und die angrenzenden Ebenen sind heute bekannt für ihre großen Ranches. Da die ursprüngliche Vegetation von Südtexas recht einzigartig ist, verwundert es nicht, dass viele der hier vorkommenden Arten auf das Äußerste bedroht sind. Das typische "Tamaulipan"–Überflutungsbuschland verschwindet wie die angrenzende hauptsächlich vom Mesquitebusch bedeckte Dornbuschsavanne. Die verbliebenen Sektoren sind in ihrer Lebensqualität wesentlich verringert. Daher gilt der Genetzte Halsbandleguan heute als gefährdete Art. Ihr Schutz ist in den Kapiteln 67 und 68 des Texaspark- und -wildnis (TPW) Codes und in verschiedenen Kapitel des administrativen Code Texas (T.A.C.) enthalten.

Anmerkungen zu den angeführten Berichten: Die von BROWN gemachte Angabe, die Tiere würden bei kaltem Wetter in kleinen Wohnhöhlen kaum größer als sie selbst unter Steinen sitzen, lässt eine weitgehende Parallelität zu den Angaben in FITCHS Freilandstudie über die Halsbandleguane (*C. collaris*) in Kansas erkennen. In seiner Studie zur Ökologie der Art beschreibt FITCH (1956) die Winterquartiere der Echsen auf sehr ähnliche Weise.

MONTANUCCI (1971) beschreibt bei *C. reticulatus* eine Fortpflanzungsstrategie, bei der einige Paarungen im Frühjahr reichen würden, mehrere (mindestens zwei) befruchtete Gelege abzusetzen. Bei dem sehr nahe Verwandten *C. collaris* konnten im Terrarium regelmäßige Paarungen auch vor der zweiten beziehungsweise dritten Eiablageperiode beobachtet werden. Weiter wurde festgestellt, dass meist keine Eiablagen mehr erfolgten, wenn zu einem späteren Termin kein paarungsbereites Männchen mehr im Terrarium zugegen war und daher eben diese ausblieb (eigene Erfahrungen). MONTANUCCI beobachtete im Freiland, dass zwischen der ersten und zweiten Eiablageperiode ein Zeitraum von zirka 20 Tagen liegt, in dem keine Weibchen mit Trächtigkeitsfärbung gesehen werden. Dies deckt sich zum Teil mit den Terrarienbeobachtungen an *C. collaris*, wo nahezu alle gehaltenen Weibchen in einer relativ kurzen Spanne des Jahres zusammen ihre Eier ablegen. Mit einer Pause von meist 28-35 Tagen (je nach Temperatur) folgt dann bei *C. collaris* die zweite bzw. weitere Ablage. Zwischen diesen lässt die Trächtigkeitsfärbung deutlich nach, ist aber oftmals nach spätestens 14 Tagen, d.h. mindestens zwei Wochen vor der folgenden Eiablage, wieder deutlich zu erkennen. Im Freiland, wo eine wesentlich größere Anzahl von Tieren zu beobachten ist verwundert es, dass ein längerer Zeitraum ohne Beobachtung von Tieren mit Trächtigkeitsfärbung auszumachen war. Dies ist nur unter der Bedingung möglich, dass der Großteil aller in einer Population lebenden Weibchen innerhalb einer äußerst kurzen Zeitspanne ihre Gelege absetzen und ein wesentlich längerer Zeitraum zwischen zwei Gelegen liegt.

Abb. 176. Männchen von *C. vestigium* im Terrarium.   Foto: R. Schumacher

Crotaphytus vestigium

SMITH & TANNER 1972

deutsch: Niederkalifornischer Halsbandleguan
englisch: Baja Black-collared Lizard, Baja California Collared Lizard

Terra typica: Cerro de las Palmas, Niederkalifornien, Mexiko

Die wissenschaftliche Bezeichnung vestigium soll nach Aussage von SMITH & TANNER (1972) auf das teils undeutliche und in Auflösung befindliche, nur spurenhafte Doppelhalsband am Körper des Tieres hinweisen. (lat. vestigium = Abdruck, Spur).

Allgemeines: Der Niederkalifornische Halsbandleguan ist eine der am frühesten beschriebenen Halsbandleguanarten. Bereits im Jahre 1899 beschrieb MOCQUARD *Crotaphytus fasciatus* aus einem abgelegenen Gebirge in Baja California. Aus der Beschreibung geht klar hervor, dass es sich bei dem beschriebenen Exemplar um einen jungen *C. vestigium* gehandelt hat. Dieser Name hatte demnach schon 73 Jahre vor dem Namen *vestigium* bestanden und hätte unbedingte Priorität über *vestigium*, das ein Juniorsynonym wäre. Unglücklicherweise ist der Name *Crotaphytus fasciatus* in der Vergangenheit jedoch von HALLOWELL (1852) für ein Synonym von *Gambelia wislizenii* (damals *Crotaphytus wislizenii*) benutzt worden und war diesem inzwischen zuge-ordnet worden. Obwohl MOCQUARD (1903) den Ersatznamen *Crotaphytus fasciolatus* schuf, wurde dieser von VAN DENBURGH (1922) fälschlicherweise ebenfalls *Gambelia wislizenii* zugeordnet. Der Name *fasciolatus* geriet für über 50 Jahre in Vergessenheit und der neue Name *vestigium* wurde gebräuchlich. Um weiteren Verwicklungen aus dem Weg zu gehen, wurde eine Änderung des in der Literatur nun gebräuchlichen Namens *vestigium* aus Gründen der taxonomischen Stabilität nicht vorgenommen (MCGUIRE 1996, MCGUIRE 2000).

Beschreibung: Es handelt sich bei dieser Art um eine sehr stattliche Echse, die durch ihre Größe und Körperform als besonders kräftiger, geschickter und schneller Jäger zu erkennen ist. Die Tiere zeigen einen deutlichen Sexualdimorphismus, Männchen sind größer als Weibchen. Im nördlichen Teil ihres Verbreitungsgebiets findet man besonders großwüchsige Tiere, im Süden

119

bleiben sie gewöhnlich etwas kleiner. Folgende Größenangaben finden sich: GL der Männchen bis 380 mm, KRL bis 125 mm, GL der Weibchen bis zu 280 mm bei einer KRL bis zu 98 mm (McGuire 1996, McPeak 2000). Die Grundfarbe erwachsener Männchen reicht von olivbraun bis rotbraun. Die zeichnungslose Oberseite des Kopfes sticht durch ihre helle, graue Farbe hervor. Vorderes und hinteres Halsband sind im Nackenbereich weit geöffnet, das vordere Halsband wird zur Kehle hin breiter und umschließt diese komplett. Das hintere Halsband ist meist weitgehend aufgelöst und besteht oft nur noch aus einer kurzen schwarzen Sichel an beiden Seiten des Halses.

Der Kehlfleck ist mehrfarbig. Er besteht aus einem schmalen schwarzen, mit dem Halsband verbundenen zentralen Fleck und einer breiten taubenblauen Umrandung. Die Seiten der Kehle und des Kopfes sind mit breiten braunen, oft strahlenförmig verlaufenden Barren oder mit Flecken verziert. Über den Rücken laufen ca. 5 meist durchgehende, weiße Querbänder. Auch zwischen diesen sind weiße Flecken locker eingestreut. An den Flanken sind die weißen Querlinien oftmals kupferfarben eingefasst. Die Grundfarbe der Gliedmaßen ist verschieden, vor allem im Norden des Verbreitungsgebiets oft olivgrün oder auch strahlend schwefelgelb. Hellbraune bis rotbraune Flecken sind darauf verteilt. Der seitlich sehr stark zusammengedrückte, fast segelartige Schwanz weist an der Oberseite eine cremefarbene Linie auf. Heranwachsenden Männchen entwickeln mit zunehmendem Alter große Inguinalflecken und oft größere schwarze Flecken hinter den Vorderbeinen. Bezüglich der Unterseite der Tiere lassen sich regional einige Färbungstypen unterscheiden. Zu den Flanken hin nimmt der Bauch eine

a) olivgrüne Färbung an, bei Tieren aus dem nördlichen Verbreitungsgebiet (nördlich Bahia de San Luis Gonzaga, Baja California)

b) gold–orangene Färbung an, bei Tieren aus dem südlichen Verbreitungsgebiet (südlich Bahia de Los Angeles, Baja California).

c) Übergänge zwischen den beiden Formen finden sich zwischen diesen Punkten, auf eine Distanz von ca. 120 km (McGuire 1996).

Abb. 178 (oben). Männchen (*C. vestigium*, nördliche Form).   Foto: R. Schumacher

Abb. 179. (unten). Bauchseite von *C. vestigium* (Männchen aus San Ignacio, Baja California Sur).   Foto: B.D. Hollingsworth

Abb. 180. *C. vestigium* (trächtiges Weibchen aus Sierra San Francisco, Baja California Sur). Foto: B.D. Hollingsworth

Verbreitung, Lebensraum und Lebensweise: Die Tiere bewohnen eine langen, gebirgigen Streifen der vom südlichen Kalifornien über große Teile Niederkaliforniens bis zum nördlichen Teil des mexikanischen Bundesstaates Baja California Sur reicht. Der nördlichste Fundort der Art liegt in den USA, in den südöstlich von Los Angeles gelegenen San Jacinto Bergen. Der südlichste bisher bekannt gewordene Fundort an der südlichen Grenze der vulkanischen Magdalena Plain. Besonders auffällig ist die strenge Bindung an extrem trockene Biotope. Besonders im Norden werden nur die im Regenschatten der kalifornischen Küstengebirge liegenden schroffen Osthänge der aus Granit bestehenden Geröllfelder von Sierra de Juarez und Sierra San Pedro Martir bewohnt. Diese Gebiete gehören zu den trockensten des ganzen nordamerikanischen Kontinents. Im südlicheren Teil werden auch die schroffen Abhänge vulkanischer Basaltgebirge bewohnt. Die Art wechselt auch auf die pazifische Seite der Gebirge, erreicht aber nicht den Ozean.

Die Färbung der Flanken kontrastiert stark zu der Färbung der Körperoberseite. Wie bei den anderen Halsbandleguanarten sind die Weibchen weniger farbenprächtig gefärbt. Wie immer fehlt das durchgehende Halsband, der Kehlfleck, die Inguinalflecken sowie die bei den männlichen Tieren oftmals so ansprechend gefärbte Unterseite. Auch die Farben der Körperoberseite sind trotz gleicher Zeichnungselemente weniger intensiv, die Gliedmaßen sind gewöhnlich braun bis grau. Der Schwanz der Weibchen ist nur wenig seitlich abgeplattet, fast rund. Der zeichnungslose Streifen auf der Oberseite ist nur schwach erkennbar. WELLS (persönliche Mitteilung), der in der Nähe der nördlichen Verbreitungsgrenze der Art lebt, konnte auch mehrfach Weibchen mit gelbem Schwanz und gelben Beinen beobachten. Die Tiere haben kein schwarzes Pigment auf den Schleimhäuten des Mauls. Schlüpflinge der Art sind sehr dunkel, mit hellen bis orangefarbenen Querbändern. Mit zunehmendem Alter lösen sich die dunkler gefärbten Bereiche des Körpers zu einem immer heller werdenden Netzwerk auf.

Abb. 181. Verbreitung von *C. vestigium* nach MᴄGᴜɪʀᴇ (1996).

Dieser Halsbandleguan ist wie seine Verwandtschaft streng felsbewohnend. Man trifft ihn im Frühjahr und Sommer auch in der heißesten Mittagszeit, in der er oben auf den großen Granitblöcken seiner Heimat sitzt und Ausschau nach Beutetieren hält. Auch Lufttemperaturen über 46°C treten zur Sommerzeit in seinem Lebensraum regelmäßig auf. Ich konnte ihn während eines solch heißen Tages im Anza Borrego Desert State Park im südlichen Kalifornien nur kurz beobachten. Ein männliches Tier überquerte eine freie Sandfläche zwischen einigen großen runden Granitblöcken. Das Tier bewegte sich in hochbeinigem, nicht eiligem Lauf. Der wie ein Segel wirkende Schwanz wurde wie eine anhängende Brücke vom heißen Boden abgehalten. Obwohl das Tier nicht flüchtete, war es kaum möglich dem schnellen Lauf mit den Augen zu folgen.

Im Terrarium kann man ein interessantes Verhalten beobachten. Besonders die Männchen balancieren auf erhöhten Plätzen auf allen vier Beinen stehend und benutzen dazu ihren voluminösen Schwanz wie den Stab eines Seiltänzers. Sie scheuen sich nicht beim Fang von Futtertieren mit vorsichtigen Bewegungen über Kakteen zu klettern und dabei den bis ins letzte Glied beweglichen Schwanz seitlich in Schleifen hin und her zu schwenken um Gleichgewicht zu wahren. MCGUIRE (1996) beobachtete die Tiere bei der schnellen Flucht. In großer Geschwindigkeit eilten diese über Gesteinsfelder. Die Tiere sprangen in aufgerichtetem zweibeinigem Lauf von einer Kuppe auf die andere und verschwanden dann zwischen den Felsen, wo sie Zuflucht suchten. *C. vestigium* ist eng mit einer Pflanzengesellschaft assoziiert, die sich aus den Ocotillobüschen *Fouquieria splendens* und *F. digueti*, Blatt- und Zylinderopuntien *Opuntia* spp., dem Cresotebusch *Larrea tridentata*, dem Elefantenbaum *Bursera* spp., Kugelkakteen *Ferokaktus* spp., dem weit ausgreifenden vielarmigen Kandelaber-

Abb. 182. Männchen (*C. vestigium*) im Terrarium.   Foto: R. Schumacher

kaktus *Pachycereus pringlei* und Mesquitebüschen *Prosopis* spp. zusammensetzt (MCGUIRE 1996). Für die nördlichen Fundorte rund um die San Jacinto Berge geben SANBORN & LOOMIS (1979) nur eine spärliche Vegetation an, die sich hauptsächlich aus dem Cresotebusch *Larrea tridentata*, dem Brittlebusch *Encelia farinosa* und dem Sagebruch *Ambrosia dumosa* zusammensetzt.

Nahrung: Über die nätürliche Ernährung ist nicht viel bekannt. Ein Großteil der Nahrung wird sich aus größeren Insekten und Spinnentieren zusammensetzen, doch sind die Tiere auch für ihre Vorliebe für kleinere Echsen bekannt. Im Terrarium gehaltene Tiere, die solches Futter gewöhnt sind, lassen sich nur sehr langsam auf das Angebot umstellen, welches Hobbyterrarianern im Allgemeinen zur Verfügung steht. Anfänglich kommt es immer wieder zu länger andauernden Perioden von strikter Futterverweigerung. Wird Nahrung aufgenommen, fressen die Tiere oft nur sehr wenig. Sie nehmen über einen längeren Zeitraum regelmäßig ab und weisen bald eine sehr schlechte Verfassung auf. Ein von mir gehaltenes Paar, bestehend aus zwei Nachzuchten amerikanischer Herkunft, war auf diese Weise bis zum Herbst des Jahres sehr stark abgemagert. Einzig einige schwache und nicht lebensfähige Nachzuchten von *C. collaris* und eine Kleinechse *Anolis carolinensis* wurden verspeist. Trotz der offensichtlich schlechten Verfassung der Tiere wurde entschieden, diese zur Vermeidung weiterer Gewichtsabnahme möglichst schnell in die Winterruhe zu überführen. Nach einer Winterruhe wird erfahrungsgemäß wesentlich besser Futter angenommen.

Nach einer Winterruhe von knapp 4 Wochen bei Temperaturen um 6°C in einem Kühlschrank und jeweils 1 Woche dauernden Übergangszeiten bei knapp 18°C in einem anderen kühlen Raum wurden die beiden Tiere wieder in einem entsprechend geheizten Becken untergebracht. Die Tiere fraßen in der Folgezeit völlig problemlos. Heute werden hauptsächlich Wachsmaden, Heimchen, Steppengrillen, Zophobas und Wanderheuschrecken angenommen, selten

Abb. 184. Trächtiges Weibchen von *C. vestigium.*   Foto: W. Wells

einmal eine junge weiße Maus. Es ist davon auszugehen, dass bei Terrariennachzuchten im Jungtieralter eine weitgehende Prägung auf die dem Terrarianer zur Verfügung stehenden Insektenarten möglich ist und Nachzuchten problemlos das angebotene Futter bis ins hohe Alter annehmen. *C. vestigium* ist dafür bekannt, dass ein gewisser Anteil pflanzlicher Nahrung angenommen wird. So gab es inzwischen im Internet, dem "collared Lizard Forum" des amerikanischen Anbieters "kingsnake.com", des öfteren Kurzberichte, wonach verschiedene pflanzliche Teile im Terrarium angenommen wurden.

Pflege und Zucht: Diese Art wurde schon mehrfach im Terrarium erfolgreich gehalten und regelmäßig zur Nachzucht gebracht. WELLS (pers. Mitteilung) züchtet die Art seit einigen Jahren. Die von ihm gewählten Haltungsbedingungen unterscheiden sich nicht von der Haltung seiner *C. collaris*. Die Tiere werden von ihm regelmäßig überwintert. Da sich nicht alle Tiere im Terrarium zu einer Ruheperiode zurückziehen, überwintert er in den letzten Jahren kontrolliert in einem Kühlschrank. Die Tiere werden meist ab dem November für 6 bis 8 Wochen in den Kühlschrank überführt. Temperaturen um 10°C wurden gewählt. Nach der

Abb. 183. Femoralporen bei einem Männchen von *C. vestigium* zur Frühjahrszeit. Zu beachten ist die gegenüber der südlichen Form farblose Körperunterseite.   Foto: R. Schumacher

123

Abb. 185. Lebensraum von *C. vestigium* in den San Jacinto–Bergen östlich von San Diego, Kalifornien.   Foto: R. Schumacher

Jahreszeitlicher Rhythmus, Fortpflanzung: Trotz ihrem sehr südlich gelegenen Verbreitungsgebiet unterliegt die Art wie die anderen Halsbandleguanarten einem strengen jahreszeitlichen Rhythmus, bestehend aus der jährlichen Aktivitätsperiode, einer nachfolgenden Ruhezeit und der Winterruhe. Im Frühjahr sind die Tiere meist zum Beginn des April aktiv. Im Süden des Verbreitungsgebiets konnte McGuire (1996) Tiere aller Altersklassen zur Mitte April beobachten, die großen Männchen zeigten bereits eine prachtvolle Färbung. Zum späten Sommer ziehen sich auch bei dieser Art die erwachsenen Tiere zurück, nur Jungtiere sind noch längere Zeit aktiv. Wells (pers. Mitteilung) konnte jedoch bei seinen regelmäßigen Besuchen in der Wüste auch an sehr warmen Wintertagen immer einmal wieder jüngere Tiere vor ihren Bauten beobachten. Zum Beginn des November war jedoch der Großteil der Tiere regelmäßig verschwunden. Über die Fortpflanzung in der Natur liegen keine weitergehenden Beobachtungen vor.

Überwinterung finden regelmäßig Paarungen statt. Die Gelege, gewöhnlich nicht mehr als zwei pro Jahr, werden im Terrarium in feuchten Sand abgelegt. Dazu wird eine 10 bis 15 cm hohe mit einem Stein abgedeckte Sandschicht regelmäßig feucht gehalten. Die Gelegegröße bewegt sich im Allgemeinen bei 3 bis 4 Eiern die von ihm bei Temperaturen zwischen 28 und 30,5°C gezeitigt werden. Der Schlupf erfolgt meist zwischen 70 und 75 Tage nach der Ablage. Komplikationen gab es bei der Eiablage eines Weibchens meiner eigenen Gruppe. Das Weibchen entwickelte, nachdem im Jahr zuvor keine Eier abgelegt wurden, ein großes Gelege mit 6 Eiern. Es verstarb an einer Legenot. Die Eier waren sehr groß. Die Eimaße betrugen zwischen 20 x 14 und 24 x 17 mm. Die Art wurde in Amerika im Terrarium schon mit *C. dickersonae* (Wells pers. Mitteilung), *C. collaris* (Jones 1998) und mit *C. bicinctores* (Cordero pers. Mitteilung) gekreuzt.

Abb. 186. *C. vestigium* (Junges Männchen in der Umfärbungsphase zur Erwachsenenfärbung aus Sierra San Francisco, Baja California Sur).   Foto: B.D. Hollingsworth

Danksagung

Zuallererst geht mein Dank an den Ehepartner der Verlegerin, Dr. Gunther Köhler, Offenbach. Nur durch sein stetes Zureden ist aus meinem Wunsch, meine Erfahrungen bei der Haltung und Zucht dieser hübschen Echsen einer breiten Allgemeinheit zur Verfügung zu stellen, nun Wirklichkeit geworden. Seinem Einsatz und Engagement verdanke ich eine Unzahl von Informationen und Literaturhinweisen; nicht zuletzt war er es, der mir durch seinen persönlichen Einsatz und seine Kontakte wertvolles Bildmaterial für dieses Werk zugänglich machte. Ich bin sehr erfreut, dieses Buch in einem Verlag veröffentlichen zu können, dessen bisherige Veröffentlichungen ein sehr gutes Renommee besitzen. Bis zur Fertigstellung dieses Buches haben mich Elke und Dr. Gunther Köhler regelmäßig mit Rat und Tat unterstützt und ich danke ihnen für die gute und konstruktive Kritik, ohne die einige sehr wichtige Details von mir nicht aufgeführt worden wären.

Außer ihnen waren es aber auch zahlreiche befreundete Hobbyterrarianer, die mir ihre wertvollen Erfahrungen zur Verfügung stellten. Ohne ihre Bereitschaft, mir einige wunderbare und teils seltene Aufnahmen zu überlassen, würden diesem Buch wesentliche Teile fehlen. Damit haben sie maßgeblich am Zustandekommen beigetragen.

Meinem Freund William W. Wells aus El Cajon, Kalifornien gebührt ebenfalls mein besonderer Dank, daß er mir aus so weiter Entfernung so tatkräftig zur Seite gestanden hat. Viele Naturbeobachtungen und Hinweise zur Haltung und Zucht in Europa noch nicht gehaltener Arten wären ohne seine persönlichen Angaben nicht möglich gewesen.

Ganz besonders erwähnt seien folgende, in alphabetischer Reihenfolge genannten Damen und Herren:
Dr. E. van den Berghe, San Marco, Nicaragua, R. D. Bartlett, Gainsville, USA; G. Burré, Thansau; J. T. Collins, Fort Hays, USA; R. und V. Cordero, Denver, USA; Dipl. Biol. U. Dost, Esslingen; M. Dieckmann, Hamm; J. Feldner, Tempe, USA; Dr. P. Heimes, México D.F., Mexiko, Dr. B. D. Hollingsworth, San Diego, USA, Dr. J. A. McGuire, Baton Rouge, USA; C. und L. McMartin, San Antonio, USA; F. Mendoza Q, Huejutla, Mexiko, P. M. Kornacker, Swisttal; M. Kundrus, Karlsruhe; Dr. R. R. Montanucci, Clemson, USA; F. Riedel, Reutlingen; S. Thomasch, Grafenstein, Österreich; H. Zwartepoorte, Rotterdam, Niederlande; A. Repashy, USA, und R. Rhein.

Weiter möchte ich mich auch bei Prof. Dr. Wolfgang Böhme, Bonn für seine persönlichen Empfehlungsschreiben bedanken, durch dessen Vorlage bei amerikanischen Nationalparkverwaltungen mir die Beobachtung dieser Tiere in einigen Regionen der USA wesentlich vereinfacht wurde.

Besonderer Dank gebührt auch meinem Sohn Rainer und meiner Tochter Yvonne, die mir bei der Fertigung der Skizzen hilfreich zur Seite standen. Nicht zuletzt gilt mein Dank meiner Frau Regina für ihre Geduld bei der Erstellung dieses Buches sowie ihre zahlreichen Ratschläge und Anregungen. Sie und meine beiden Kinder haben maßgeblich mit daran gewirkt, die von mir gehaltenen Tiere in den letzten Monaten vor der Vollendung dieses Buches zu versorgen und gesund zu erhalten.

Witten im Herbst 2002
Robert Schumacher

Literaturverzeichnis

Axtell, R. W. 1972. Hybridization between western collared Lizards with a proposed taxonomic rearrangement. Copeia, 1972(4):707-727.

Axtell, R. W. 1989. Interpretive Atlas of Texas Lizards. *Crotaphytus collaris*. Self published, East Alton, Illinois, 8:1-38.

Axtell, R. W. & R. R. Montanucci 1977. *Crotaphytus collaris* from the eastern sonoran desert: Description of a previously unrecognized geographic race. Nat. Hist. Miscellanea, Chicago, 201:1-8.

Axtell, R. W. & R. G. Webb 1995. Two new *Crotaphytus* from southern Coahuila and the adjacent states of east-central Mexico. Bulletin of the Chicago Academy of Sciences, 16(2):1-15.

Baird, S. F. 1859. Reptiles of the boundary. United States and Mexican Boundary Survey, under the Order of the Lieut. Col. W. H. Emory. Washington, D.C., 1-35, Tafel 1-41.

Baird, S. F. & C. Girard 1852a. Characteristics of some new reptiles in the museum of the Smithsonian Institution. Proceedings of the Academy of Natural Sciences of Philadelphia, 6:68-70.

Baird, S. F. & C. Girard 1852b. Characteristics of some new reptiles in the museum of the Smithsonian Institution. Proceedings of the Academy of Natural Sciences of Philadelphia, 6:125-129.

Baird, T. A. 2000. *Crotaphytus collaris* (eastern collared lizard) and *Diadophis punctatus* (ringneck snake). Predator-prey. Herpetological Review, 31(2):104.

Baird, T. A., M. A. Acree & C. L. Sloan 1996. Age and gender-related differences in the social behavior and mating success of free-living collared lizards, *Crotaphytus collaris*. Copeia, 1996(2): 336-347.

Banta, B. H. 1960. Notes on the Feeding of the Western Collared Lizard, *Crotaphytus collaris baileyi* Stejneger. The Wasmann Journal of Biology, Fall, 18(2):309-311.

Brockhaus Texte und Tabellen 1982. Länder und Klima Nord- und Südamerika, Brockhaus, Wiesbaden, 172 S.

Behler, J. L. & F. W. King 1979. The Audubon Society Field Guide to North American Reptiles and Amphibians. Alfred A. Knopf, Inc. New York. 744 S.

Best T. L. & G. S. Pfaffenberger 1987. Age and sexual variation in the diet of collared Lizards (*Crotaphytus collaris*). Southwestern Naturalist, 32(4):415-426.

Blair, W. F. & A. P. Blair 1941. Foot habits of the collared lizard in northeastern Oklahoma. American Midl. Nat., 26:230-232.

Brown, A. E. 1903. Texas reptiles and their faunal relations. Proceedings of the Academy of Natural Sciences of Philadelphia, 55:542-558.

Brown, H. A., R. B. Bury, D. M. Darda, L. V. Diller, C. R. Peterson & R. M. Storm 1995. Reptiles of Washington and Oregon. Seattle Audubon Society, Seattle, Washington. 176 S.

Bundesministerium für Ernährung, Landwirtschaft und Forsten 1997. Gutachten über Mindestanforderungen an die Haltung von Reptilien vom 10. Januar 1997. Inhaltlich unveränderte Sonderausgabe der Deutschen Gesellschaft für Herpetologie und Terrarienkunde (DGHT) e.V. Rheinbach. 80 S.

126

Busack, S. D. & R. B. Bury 1974. Some effects of offroadvehicles and sheepgrazing on lizard populations in the Mohave Desert. Biological Conservation 6(3):179-183.

Camper, J. D. & J. R. Dixon 2000. Food habits of three species of striped whipsnakes, *Masticophis* (Serpentes: colubridae) Texas Journal of Science, 52(2):83-92.

Conant, R. & J. T. Collins 1991. A Field Guide to Reptiles and Amphibians of Eastern and Central North America. 3rd. ed. Houghton Mifflin Co., Boston. 450 S.

Cope, E. D. 1883. Notes on the geographic distribution of batrachia and reptilia in western North America. Proceedings of the Academy of Natural Sciences of Philadelphia, 35:10-35.

Cuellar, O. 1966. Oviducal anatomy and sperm storage structures in lizards. J. Morphol. 119:7-20.

Davis, D. D. 1934. The collared Lizard, a laboratory guide. The Macmillian Company, New York.

Degenhardt, W. G. 1977. A changing environment: documentation of lizards and plants over a decade. In: Wauer RH, Riskind DH, editors. Transactions of the Symposium on the Biological Resources of the Chihuahuan Desert Region, United States and Mexico; 1974 Oct 17-18; Sul Ross State University, Alpine (TX). Washington: National Park Service. (Transactions and proceedings series (United States. National Park Service): 3) p 533-55.

de Queiroz, K. 1987. Phylogenetic systematics of iguanine lizards: A comparative osteological study. University of California Publications in Zoology, 118:1-203.

Fitch, H. S. & W. W. Tanner 1951. Remarks concerning the systematics of the Collared Lizard (*Crotaphytus collaris*). Trans. Kansas Acad. Sci., 54(4):548-559.

Fitch, H. S. 1956. An ecological study of the Collared Lizard (*Crotaphytus collaris*).

Univ. Kansas Publ. Mus. Nat. Hist., Lawrence, 8(3):213-274.

Frank, N. & E. Ramus 1994. State, Federal, and C.I.T.E.S. regulations for Herpetologists. Published by Reptile & Amphibian Magazine, N G Publishing Inc. Pottsville, Pennsylvania.

Frost, D. R. & R. Etheridge 1989. A phylogenetic analysis and taxonomy of iguanian lizards (Reptilia: Squamata), University of Kansas Miscellaneous Publications, 81:1-65.

Hansjürgens, M. 2002. Nachgefr@gt im Internet. Iguana Rundschreiben, 15(1):31.

Hallowell, E. 1852. On a new genus and three new species inhabiting North America. Proceedings of the Academy of Natural Sciences of Philadelphia, 6:206-209.

Hammerson, G. A. 1986. Amphibians and Reptiles in Colorado. Colorado Division of Wildlife, Denver. 131 S.

Holbrook, J. E. 1842. North American Herpetology; or, a Description of the Reptiles Inhabiting the United States. J. Dobson, Philadelphia, Pennsylvania, 2:1-142.

Husak, J. F. & E. N. Ackland 2000. *Opheodrys aestivus* (rough green snake). Predation. Herpetological Review, 31(1):47.

Ingram, W. & W. W. Tanner 1971. A taxonomic study of the *Crotaphytus collaris* between the Rio Grande and Colorado Rivers. Brigham Young Univ. Sci. Bull. Biol. Ser., Provo, 13(2):1-29.

Johnson, T. R. 1992. The Amphibians and Reptiles of Missouri. Missouri Department of Conservation, Jefferson City. 369 S.

Jones, T. A. 1998. Captive Care and Breeding of Collared Lizards. The Vivarium, Escondido CA. Vol. 9(6):41-43, 50-52

Klein, T. 1951. Notes on the feeding habits of *Crotaphytus reticulatus*. Herpetologica, 7:200.

127

Knowlton, G. F. & W. L. Thomas 1936. Foot habits of Skull Valley lizards. Copeia 1936(1):64-66.

Köhler, G. 1996. Krankheiten der Amphibien und Reptilien, Ulmer Verlag, Stuttgart. 168 S.

Köhler, G. 1999. Basilisken, Helmleguane und Kronenbasilisken. Herpeton Verlag, Offenbach. 95 S.

Köhler, G. 2000. Reptilien und Amphibien Mittelamerikas. Band 1: Krokodile, Schildkröten und Echsen. Herpeton Verlag, Offenbach. 159 S.

Legler J. M. & H. S. Fitch 1957. Observations on hibernation and nests of the Collared Lizard, *Crotaphytus collaris*. Copeia 1957(4):305-307.

MacMahon, J. A. 1994. The Audubon Society nature guide. Deserts. 8rd. ed., Alfred A. Knopf, Inc. New York. 638 S.

McAllister, C. T. 1984. *Crotaphytus collaris collaris* (eastern collared lizard). Reproduction. Herpetological Review, 15(2):48.

McGuire, J. A. 1994. A new species of collared lizard (Iguania: Crotaphytidae) from northeastern Baja California, Mexico. Herpetologica, 50(4):438-450.

McGuire, J. A. 1996. Phylogenetic systematics of crotaphytid lizards (Reptilia: Iguania: Crotaphytidae). Bulletin of Carnegie Museum of Natural History, 32:1-120.

McGuire, J. A. 2000. *Crotaphytus vestigium* Smith & Tanner, 1972 (Reptilia, Squamata): proposed conservation of the specific name. Bulletin of Zoological Nomenclature, 57(3):158-161.

McPeak, R. H. 2000. Amphibians and Reptiles of Baja California. Sea Challengers, 4 Sommerset Rise, Monterey, CA. 99 S.

Mocquard, M. F. 1899. Contribution à la faune herpétologique de la basse-Californie.

Nouvelles Archives du Muséum d'Historie Naturelle, Paris, serie 4, 1:297-343, pls. 11-13.

Mocquard, M. F. 1903. Notes herpétologiques. Bulletin du Muséum d'Historie Naturelle, Paris, 5:209-220.

Montanucci, R. R. 1971. Ecological and distributional data on *Crotaphytus reticulatus*. (Sauria: Iguanidae). Herpetologica, 27:183-197.

Montanucci, R. R. 1983. Natural hybridization between two species of Collared Lizards (*Crotaphytus*). Copeia, 1983(1):1-11.

Montanucci, R. R., R. W. Axtell & H. C. Dessauer 1975. Evolutionary divergence among collared lizards (*Crotaphytus*), with comments on the status of *Gambelia*. Herpetologica, 31(3):336-347.

Nussbaum, R. A., E. D. Brodie Jr. & R. M. Storm 1983. Amphibians & Reptiles of the Pacific Northwest. The Univ. Press of Idaho, Moscow, Idaho. 332 S.

Palmer, W. M. & A. L. Braswell 1976. The effect of sunlight on a despotism in the desert collared lizard, *Crotaphytus insularis* (Reptilia, Lacertidae, Iguanidae). Journal of Herpetology, 10(3):257-259.

Patterson S. & J. Lemos-Espinal 2000. Preliminary Observations on the Care and Breeding of *Crotaphytus dickersonae* (Iguania: Crotaphytidae). Bulletin of the Chicago Herpetological Society, 35(9): 201-204.

Riedel, F. 1993. Die erfolgreiche und kontinuierliche Haltung und Zucht des Halsbandleguans *Crotaphytus collaris fuscus*. Iguana Rundschreiben, 6(2) Nr. 12:19-24.

Sanborn, S. R. & R. B. Loomis 1979. Systematics and behavior of collared lizards (*Crotaphytus collaris*) in southern California. Herpetologica, 35:101-106.

Say, T. 1823. In: Long`s account of an expedition from Pittsburgh to the Rocky Mountains, performed in the years 1819 and `20. H. C. Cory & I. Lea, Philadelphia. Vol.2:252.

Schmidt, K. P. 1922. The amphibians and reptiles of Lower California and the neighboring islands. Bull. Amer. Mus. Nat. Hist., 46:607-707.

Schumacher, R. 1998. Die kontinuierliche Zucht des Halsbandleguans *Crotaphytus collaris* (Say, 1823) im Terrarium, mit Hinweisen zur Unterartproblematik. Salamandra, 34(3):193-218.

Scott, J. M. & B. Csuti 1997. Gap Analysis for biodiversity survey and maintenance. Pp 321-340 In Reaka-Kudla, M. L., D. E. Wilson, and E. O. Wilson (Eds.), Biodiversity II. Joseph Henry Press, Washington, DC.

Sloan, C. L. & T. A. Baird 1999. Is heightened post-ovipositional aggression in female collared lizards (*Crotaphytus collaris*) nest defense? Herpetologica, 55(4): 516-522.

Smith, D. D. 1983. *Crotaphytus collaris* (Collared Lizard). Reproduction. Herpetological Review, 14(2):46.

Smith, H. M. 1971. Handbook of lizards. Lizards of the United States and of Canada. 5rd. ed. Comstock Publishing Co. Ithaca. 557 S.

Smith, N. M. & W. W. Tanner 1972. Two new subspecies of *Crotaphytus*. (Sauria: Iguanidae). Great Basin Naturalist, 32(1):25-34.

Stejneger, L. 1890. An annotated list of reptiles and batrachians collected by Dr. C. Hart Merriam and Vernon Bailey on the San Francisco Mountain Plateau and Desert of the Little Colorado River, Arizona, with description of new species. North Amer. Fauna. 3:103-118.

Stewart, G. R. 1994. Desert Tortoise Council. p. 1. Proceedings of the Third Annual Symposium 1994, Las Vegas, Nevada.

U.S. Fish and Wildlife Service 1994. Endangered and threatened wildlife and plants. 50 CFR 17.11 & 17.12. U.S. Fish and Wildlife Service, Washington, D.C. 42 pp.

Van Denburgh, J. & J. R. Slevin 1921. Preliminary diagnoses of new species of reptiles from islands in the Gulf of California, Mexico. Proceedings of the California Academy of Sciences. San Francisco, XI(6):95-98.

Van Denburgh, J. 1922. Reptiles of western North America. Volume 1. Lizards. Occasional Papers of the California Academy of Sciences. San Francisco, 10:1-611.

Wells, W. 1997. Collared lizards of the genus *Crotaphytus*. Reptiles Magazine, 5(4):48-68.

129

C. collaris baileyi (Männchen aus Wupatki Ruins, Arizona).
Foto: P.M. Kornacker

Glossar

adult: erwachsen, geschlechtsreif.

Aktivitätstemperatur: Temperaturbereich, in dem die normalen Lebensäußerungen ablaufen.

Aktivitätszyklus: Muster aus Aktivitäts- und Ruhezeiten bezogen auf den Tag oder das Jahr.

anal: den After betreffend

Axillarfleck: Achselfleck

Bastard: Kreuzungsprodukt von Eltern unterschiedlicher Erbanlagen (z. B. Unterarten oder Arten)

Bergstock: einzelnstehender Gebirgszug

Biotop: abgegrenzter Lebensraum mit dem dort üblichen Klima (Temperatur und Regenfällen), seiner Pflanzenwelt, seinen Felsen und Flüssen

bipedaler Lauf: zweibeiniger Lauf auf den Hinterbeinen

carnivor: fleischfressend.

caudal: den Schwanz betreffend, schwanzwärts

Collare: Halsband.

Dehydration: Austrocknung, Verlust von Körperflüssigkeit, z.B. durch zu trockene Haltung oder Erkrankung

diurnal: tagaktiv

dorsal: den Rücken betreffend, rückenwärts

dorsolateral: der Übergang vom Rücken zur Seite

endemisch: in der Verbreitung auf ein bestimmtes Gebiet beschränkt, kleinräumig verbreitet

Erstbeschreibung: erstmalige Beschreibung einer neuen Art oder Unterart

Femoralporen: Drüsenöffnungen an der Unterseite der Oberschenkel

Follikel: Bläschen am Eierstock, in das bei der Reifung Dotter eingelagert wird

granulär: klein, kegelförmig, nicht überlappend

Habitat: Wohngebiet einer Art

Habitus: Aussehen, äußeres Erscheinungsbild

herbivor: pflanzenfressend.

Herpetologie: Lehre von den Amphibien und Reptilien

Inguinalfleck: Fleck im Bereich der Leiste (Unterleib), Leistenfleck

Inkubation: Entwicklungsphase der Eier, Erbrüten von Eiern

insektivor: Insektenfressend

Intergradationszone: Kontaktzone zwischen Arten bzw. Unterarten in denen Übergangsformen auftreten

Intergrades: Übergangsformen zwischen verwandten Arten oder Unterarten; Mischformen

Interorbitalia: Kopfschilde zwischen den Augen

Juniorsynonym: ein neuer jüngerer Name für eine Art, daher ungültig

juvenil: jugendlich, noch nicht geschlechtsreif

Kloake: Ausführungsgang von Enddarm und Geschlechtsapparat

lateral: die Seite betreffend, seitlich

Loreal-Lorilabial-Serien: zwischen Nasenöffnung, Auge und Oberlippenschilder gelegene Schilderreihen

Luftfeuchte: relative Luftfeuchtigkeit in % des Aufnahmevermögens von Wasserdampf.

Melanin: schwarzer oder dunkelbrauner, in den Zellen eingelagerter Farbstoff, für die Färbung verantwortlich

Milbentasche: (Acaridomatium) Hauttasche, die bevorzugt von Milben besetzt wird

monophyletisch: von einer Urform abstammend, eine geschlossene Abstammungsgemeinschaft bildend

131

Nominatform: namensgebende Form, bei Unterarten die Form mit der Wiederholung des Artnamens

Ökologie: Lehre von den Wechselbeziehungen der Lebewesen eines Gebietes

oral: das Maul betreffend, ins Maul

phylogenetisch: die Stammesgeschichte betreffend

Pigment: für die Färbung des Individuums verantwortliche Farbstoffe in den Körperzellen

Postanalschilde: Schuppen hinter der Kloake, bei Männchen oft deutlich vergrößert

postfemorale Tasche: schlitzförmige Hauttasche am hinteren Ansatz des Oberschenkels, auch postfemorale Milbentasche genannt

Predator: Fressfeind, Beutegreifer, Jäger.

Reliktpopulation: als Überbleibsel vergangener Zeiten verstandene Population an einem räumlich vom übrigen Lebensraum der Art getrennten Ort

saxicol: felsbewohnend

Sättigungspunkt: Luftfeuchtigkeit in der Nähe der maximalen Aufnahmefähigkeit der Luft für Wasserdampf

semiadult: kurz vor Erreichen des Erwachsenenstatus

Sexualdichromatismus: unterschiedliche Färbung von Männchen und Weibchen der selben Art

Sexualdimorphismus: unterschiedliche Gestalt von Männchen und Weibchen der selben Art

Subspezies: Unterart

Supralabialia: Oberlippenschilde

sympatrisch: zusammen vorkommend

Synonym: in der Systematik: ein für ungültig erklärter Name infolge einer Mehrfachbeschreibung.

Systematik: hierarchisches System zur Verdeutlichung der stammesgeschichtlichen Entwicklung und Verwandschaft

Taupunkt: Sättigungspunkt der Luft mit Wasserdampf bei einer bestimmten Temperatur, bei deren Unterschreitung Wasser in Form von Tau ausgeschieden wird

territorial: zum Bilden eines Reviers veranlagt

Typusexemplar: gewöhnlich in einem Museum hinterlegtes Belegexemplar, an dem die Erstbeschreibung einer Art oder Unterart vorgenommen wurde

Urbanisierung: Umgestaltung des Lebensraums durch den Menschen

Validität: Gültigkeit des Namens, derzeit gültiger Namen

Variabilität: Vielfältigkeit, mögliche Schwankung der morphologischen Merkmale

ventral: am Bauch, bauchwärts

Vertebralstreifen: der Rückenmittellinie folgender Streifen

Vorzugstemperatur: Wärmeoptimum welches bevorzugt von der Echse angestrebt wird

Wasserscheide: trennendes Gebirge, wodurch verschiedenen Ozeanen zugehörige Wasserabflußgebiete entstehen.

Wildfang: der Natur entnommenes Individuum

Abkürzungen:

GL	Gesamtlänge, die Entfernung von Schnauzen- zu Schwanzspitze
KRL	Kopf-Rumpflänge, Meßstrecke von Schnauzenspitze zu Kloakenspalt
LBH	Länge x Breite x Höhe
NN	Normalnull, Höhe über dem Meeresspiegel
NZ	Nachzucht
WF	Wildfang

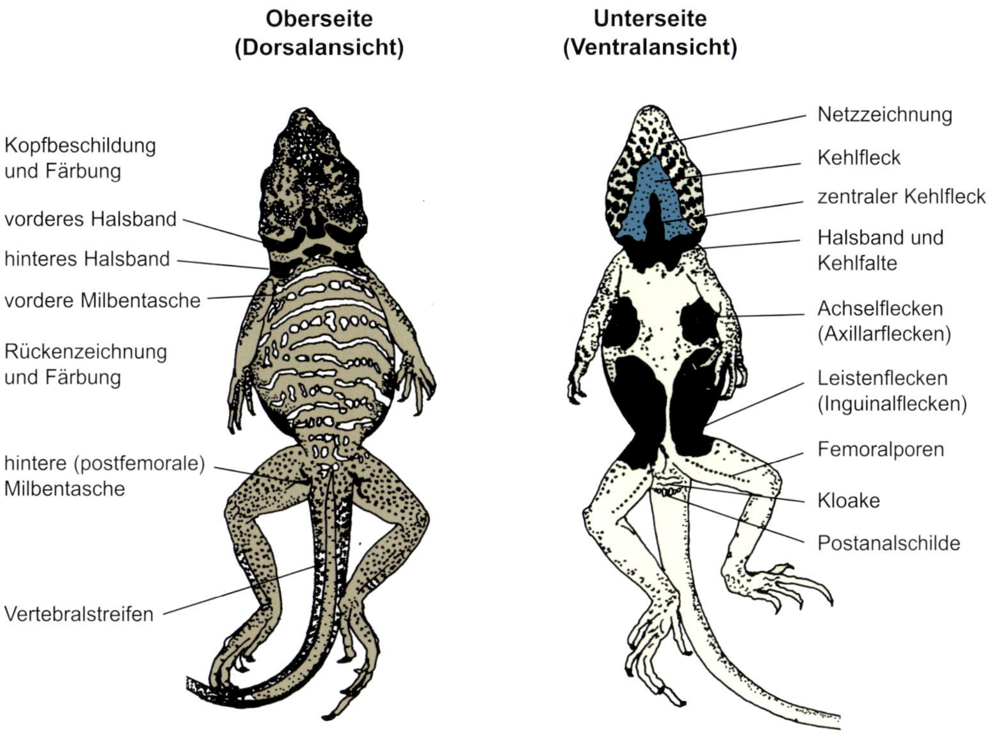

**Oberseite
(Dorsalansicht)**

**Unterseite
(Ventralansicht)**

Kopfbeschildung
und Färbung

vorderes Halsband

hinteres Halsband

vordere Milbentasche

Rückenzeichnung
und Färbung

hintere (postfemorale)
Milbentasche

Vertebralstreifen

Netzzeichnung

Kehlfleck

zentraler Kehlfleck

Halsband und
Kehlfalte

Achselflecken
(Axillarflecken)

Leistenflecken
(Inguinalflecken)

Femoralporen

Kloake

Postanalschilde

Körpermerkmale für die Art- bzw. Geschlechtsbestimmung bei Halsbandleguanen (am Beispiel einer schematischen Darstellung von *C. vestigium*). Zeichnungen: Robert Schumacher

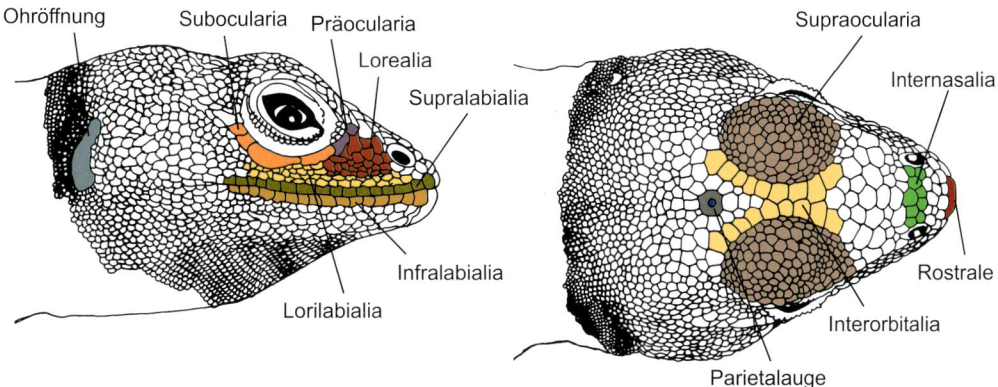

Ohröffnung

Subocularia

Präocularia

Lorealia

Supralabialia

Infralabialia

Lorilabialia

Supraocularia

Internasalia

Rostrale

Interorbitalia

Parietalauge

Benennung der Kopfschilde am Beispiel von *C. bicinctores* (Zeichnungen: Rainer Schumacher verändert nach AXTELL 1972).

133

Klima

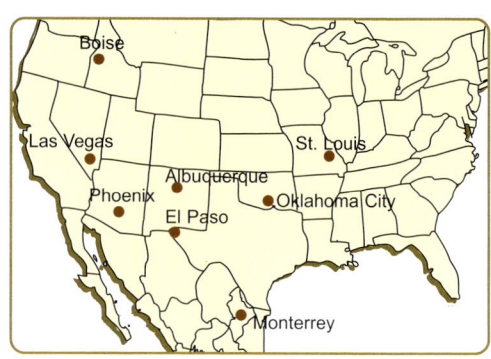

Erläuterung der Diagramme:

━━ obere rote Kurve: absolute Höchstwerte der Temperatur

── untere rote Kurve: mittlere tägliche Maxima der Temperatur

── obere schwarze Kurve: mittlere tägliche Minima der Temperatur

━━ untere schwarze Kurve: absolute Minmalwerte der Temperatur

▮ blaue Balken: mittlere monatliche Niederschläge

Die Klimadiagramme (Daten nach Brockhaus 1982) beziehen sich auf Klimastationen, die sich in einem für die Art typischen Gebiet oder in deren Nähe befinden. Sie zeigen jeweils den Jahresklimaverlauf.

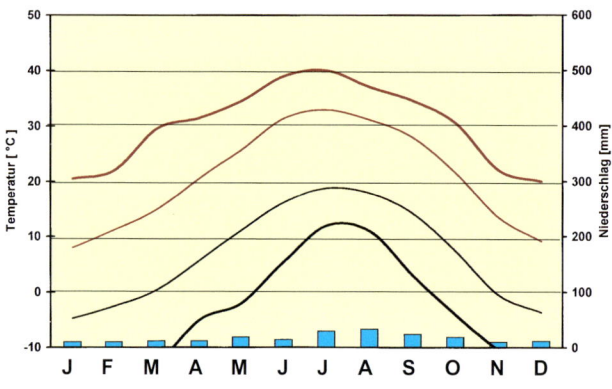

Albuquerque, New Mexiko
C. collaris baileyi

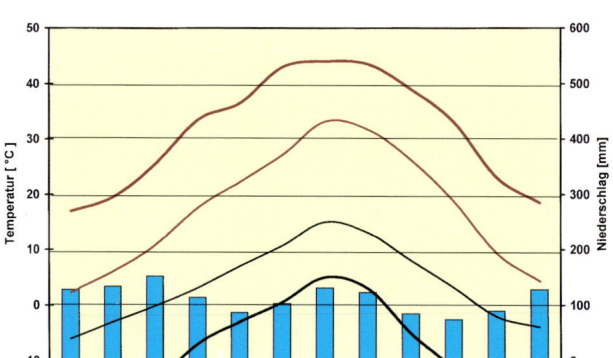

Boise, Idaho
C. bicinctores
auch nördlichster Fundort der Gattung

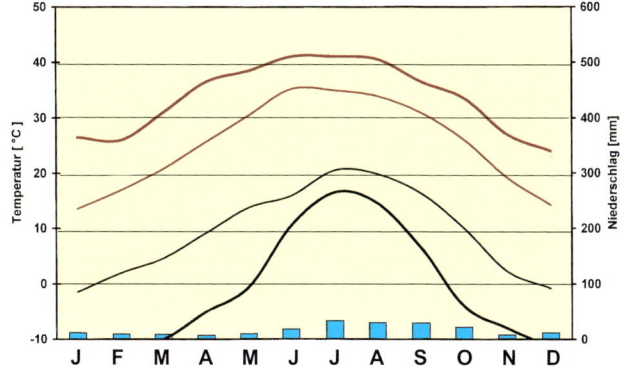

El Paso, Texas
C. collaris fuscus

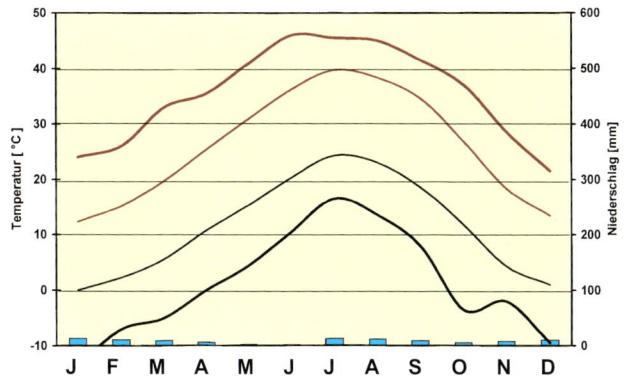

Las Vegas, Nevada
C. bicinctores
C. vestigium

für *C. vestigium* naheste
Klimastation zum Verbrei-
tungsgebiet mit gleichem
Klimaverlauf

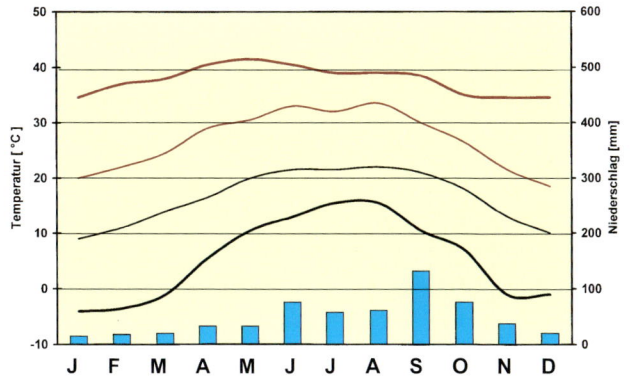

Monterrey, Hidalgo
C. reticulatus

135

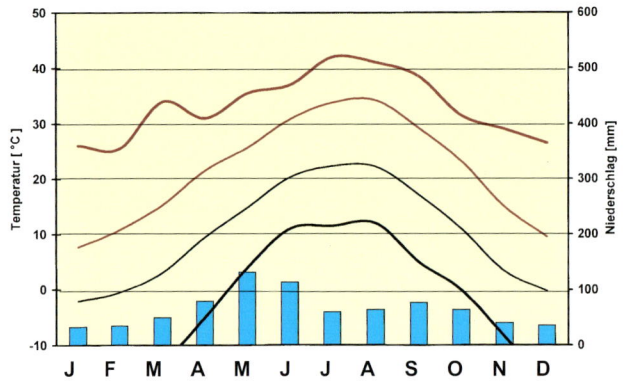

Oklahoma City, Oklahoma

C. c. collaris

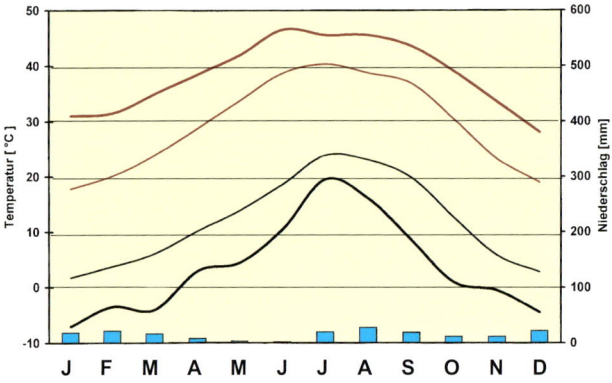

Phoenix, Arizona

C. nebrius

für *C. nebrius* naheste Klimastation zum Verbreitungsgebiet mit gleichem Klimaverlauf

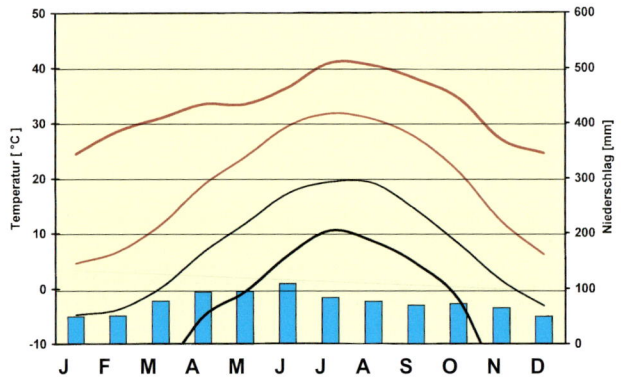

St. Louis, Missouri

C. c. collaris

auch östlichster Fundpunkt der Gattung

Register

Zahlen, die **fett** formatiert sind, verweisen auf Fotos, während *kursive* Zahlen angeben, auf welchen Seiten sich die jeweiligen Verbreitungskarten befinden.

C. collaris baileyi (Weibchen aus Wupatki Ruins, Arizona).   Foto: P.M. Kornacker

Verlagsprogramm

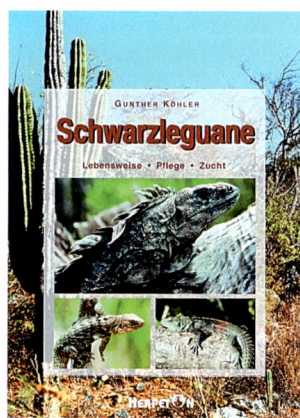

NEU! Schwarzleguane NEU!
G. Köhler, ca. 140 Seiten, über 100 Farbfotos,
ca. € 22,80 erscheint vorauss. 12/02

NEU! Stachelleguane NEU!
Köhler / Heimes, 176 Seiten, 241 Farbfotos,
€ 19,80 Jetzt lieferbar!

Standardwerk:

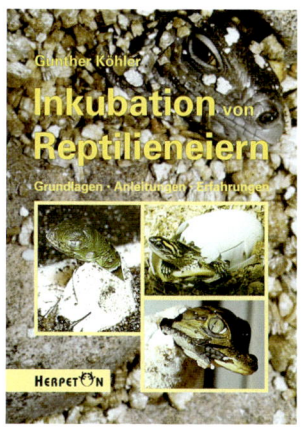

Inkubation von Reptilieneiern

von Gunther Köhler

mit Beiträgen von: B. Eidenmüller, M. Knirr,
J. Krüger, W. Sachsse, R. Seipp u. R. Wicker

205 Seiten, Festeinband, 68 Farbfotos, € 39,90

Zum Inhalt: Entwicklung des Embryos im Reptilienei:
Grundlagen der Inkubation: Einfluß der Temperatur, Einfluß
der Feuchtigkeit, Anleitung zum Bau eines Motorbrüters,
Pflege und Kontrolle der Eier, Verderben von Eiern, Absterben
von schlupfreifen Jungtieren, Künstliches Öffnen von
Eiern, Gelege- und Inkubationsdaten von über 1400
Reptilienarten mit Literaturhinweisen ... u.v.m.

Weitere Titel im Programm:

- **Dornschwanzagamen** von T. Wilms
  144 S., 138 Farbf.; € 24,60

- **Krötenechsen** von Baur / Montanucci
  160 S., 57 Farbf., € 16,50

- **Der Grüne Leguan** Biologie, Pflege,
  Zucht und Erkrankungen von G. Köhler,
  160 S., 90 Farbf., € 29,70

- **Der Grüne Leguan im Terrarium**
  von G. Köhler, 78 S., 86 Farbf., € 17,80

- **Videofilm "Der Grüne Leguan"** Pflege
  und Zucht, VHS, Farbe, 80 Min., € 20,40

- **Der Grüne Baumpython** von Weier / Vitt
  112 S., 51 Farbf., € 22,50

- **Warane** von B. Eidenmüller
  160 S., 63 Farbf., € 24,60

- **Tejus** von Köhler / Langerwerf
  78 S., 61 Farbf., € 18,50

- **Basilisken** von G. Köhler
  96 S., 64 Farbf., € 20,40

- **Reptilien und Amphibien Mittelamerikas**
  (in 3 Bänden) von G. Köhler
  Band 1: Krokodile, Schildkröten, Echsen;
  160 S., 178 Farbf., € 29,70

- **Reptilien und Amphibien Mittelamerikas**
  (in 3 Bänden) von G. Köhler
  Band 2: Schlangen
  174 S., 230 Farbf., € 34,80

 **HERPETON**
Verlag Elke Köhler Rohrstr. 22 • D-63075 Offenbach
Tel. 069-86777266 • Fax: 069-86777571

139

Deutsche Gesellschaft für Herpetologie und Terrarienkunde e.V. (DGHT)

Die Deutsche Gesellschaft für Herpetologie und Terrarienkunde ist mit über 8.000 Mitgliedern aus mehr als 30 Nationen die weltweit größte Organisation ihrer Art. Sie verbindet die Fachgebiete der Herpetologie und der Terrarienkunde unter einem Dach.

Die DGHT gliedert sich in zahlreiche **Stadt-, Regional- und Landesgruppen**, die sich regelmäßig zu Vorträgen und zum gegenseitigen Erfahrungs- und Informationsaustausch treffen.

Neben den regionalen Gruppen hat die DGHT eine Reihe von **fachspezifischen Arbeitsgruppen (AGs)**, die sich speziell mit einzelnen Tiergruppen, wie Fröschen, Schwanzlurchen, Schildkröten, Eidechsen, Waranen, Schlangen und Krokodilen sowie übergreifenden Themen wie Feldherpetologie und Amphibien- und Reptilienkrankheiten befassen.

Die DGHT bietet ein vielfältiges Angebot an Publikationen: Die Fachzeitschrift **„SALAMANDRA"** – mit einem ausgezeichneten internationalen Ruf – veröffentlicht ausschließlich Originalbeiträge aus dem Gebiet der Amphibien- und Reptilienkunde. Die Zeitschrift **„elaphe"** bietet neben aktuellen Informationen und Mitteilungen vorwiegend Fachbeiträge mit praktischen Tips zu Haltung und Nachzucht im Terrarium. 4mal im Jahr können Mitglieder im **„AnzeigenJournal"** in kostenlosen Annoncen Tiere suchen, abgeben oder tauschen sowie Literatur oder terraristisches Zubehör zum Verkauf anbieten. Mit etwa 50 Seiten ist das „AnzeigenJournal" die umfassendste und begehrteste Tauschbörse auf dem Gebiet der Terrarienkunde überhaupt. Alle genannten Zeitschriften und weitere Dienstleistungen sind im Jahresbeitrag inbegriffen.

Kostenlose Informationen: **DGHT-Geschäftsstelle, Postfach 14 21, 53351 Rheinbach, Tel. 02225-70 33 33, Fax: 02225-70 33 38, Web: www.dght.de**